おくるごはん

山本　智香

MIKU

はじめに

　おくるごはん、それは大切な家族や大事な人に送る料理。単身赴任のお父さん、ワンオペで育児を頑張る若いお母さん、学業とバイトでへとへとになっている若い世代、高齢で料理を作るのが少しおっくうになっている親世代、ホルモンのバランスが変調をきたして自分の意志ではどうにも体が動かない熟年世代、一人一人がそれぞれの状況で毎日を一生懸命、生きています。

　大事な人と離れて暮らさねばならない状況にあるからこそ、そして、置かれた場所でそれぞれが頑張り切っている時代だからこそ、家族のつながりや大事な人との愛を確かめ合うツールとして、料理をもっと自由に、存分に楽しんでほしいという気持ちから、この本を出すことに決めました。

　たとえ遠く離れていても、同じ料理を大事な人と同じ日に食べるという経験は、そのときの時間を切り取って、いつの日にか共通のかけがえのない思い出となってくれるでしょう。

　「心配してるよ、大丈夫?」と言うだけでなく、それを形にして、その思いを伝えることができるのが料理です。相手の体も心も包み込み、その人の健康を支えられる料理の技術を、老若男女を問わず、自分のものにしてもらいたい、そして相手を思う時間を持つことで、また自分自身の気持ちをより強くすることのお手伝いとして、この調理法が存分にお役に立つのではないか、そういうことを考えました。

　料理は健康を支え、体を作り、心を穏やかにしてくれるもの。

　これが山本式弱火調理法の原点です。毎日の料理が気負いなく作れて、滋養に富み、美しく美味しく仕上がること。そのひと皿が、召し上がったあなたの大事な人とあなた自身の健康と笑顔の素になる、こんなに素晴らしい奇跡は料理以外、起こせないでしょう。

　そして、この奇跡を続けることが、強い未来を紡ぎだすと信じて、この本をお届けします。

山本　智香

目　次

Index

01

基本のおかずを
作れたら、いろんな
料理に大変身！

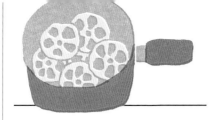

山本式
作り置きで送って
喜ばれるごはん

いいこと

Point 1
**野菜たっぷりの弱火調理で
うまみも栄養も凝縮**

「山本式弱火調理法」は、最初に油と塩を
入れ、野菜などを入れ、フタをして弱火に
かけるだけ。野菜のアクがうまみになり、ビ
タミンなどの栄養素も壊れにくく、酸化を防
ぐ、ミラクルな調理法です。

Point 2
**ゆるぎない絆となり
明日の活力になる**

受け取った人のうれしそうな声を電話で
聞いたとき、LINEで感謝のメッセージが
届いたとき、離れた場所でも同じ時間と味
を共有できたら、その喜びは作ったあなた
を支え、明日への活力になることでしょう。
きっと、また作って送りたい気持ちが生ま
れると思います。

Point 3
**冷凍だから
保存期間が長くても安全**

冷凍することで酸化や腐敗、食中毒の原
因となる菌類や微生物の働きが抑えられ
るうえ、料理の味が浸透し、美味しいまま
長期保存ができます。

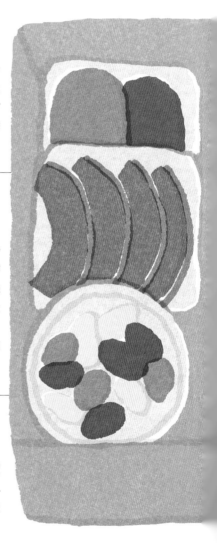

がいっぱい

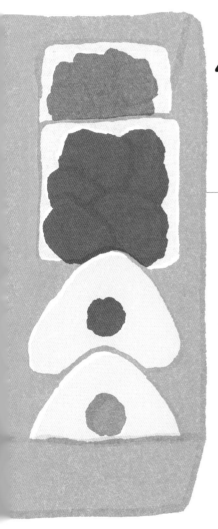

Point 4

冷凍は簡単！
ポリ袋に入れるだけ！

ジッパー付き保存袋はもちろん、もっと手軽なポリ袋で冷凍します。家ですぐに食べるものは冷蔵で保存し、それ以外は冷凍しておけば、送り用にも、自分用の作り置きにもなります。

Point 5

たっぷり作って
自分用とおくるごはん用に
できるので時短に

忙しいときはもちろん、疲れて料理がおっくうなとき、冷蔵室や冷凍室に作り置きのおそうざいがあったら、どんなに心強いでしょう。温めさえすれば、美味しく食べられます。作り置きのおそうざいは気持ちに余裕を持たせてくれるとともに、帰ったら、あれを食べよう、という喜びを与えてくれます。栄養バランスのとれた食事を、最初から全部作るのは、本当に大変です。冷蔵で数日もつおかず、冷凍できるおかずとご飯、汁ものを上手に取り入れることで、毎日の食事がもっと豊かに、ラクに、美味しくなります。

おくるごはん組み

単身赴任の夫へ

食べごたえある
魚をまるごと
家庭的な味を

1. ゴーヤチャンプルー（p34）
2. れんこんのソテーバルサミコ風味（p85）
3. あじの中華風煮つけ（p81）
4. 玄米ご飯（p120）、梅かつお（p118）
5. エビの湯葉包みの椀物（p105）

合わせいろいろ

送る相手を思いながら、味や栄養のバランスも考えて組み合わせを楽しんでください。

離れて暮らす親へ

ご飯がすすむおかずと滋味深い汁、デザートまで

1. りんごの甘煮（p123）
2. ふわふわ手作りがんも（p66）
3. 鶏手羽先のやわらか煮（p38）
4. ゴーヤの佃煮（p74）
5. 五穀ご飯（レシピ外）
6. あさりと白ねぎの蒸し煮（p71）をアレンジしておすましに

独立した息子へ

不足しがちな魚をメインにボリュームをしっかり。野菜もちゃんと意識して

1. うそつき炒飯（p59）
2. れんこんのソテーバルサミコ風味（p85）
3. 鮭のチャンチャン焼き（p60）
4. コーンポタージュ（p112）

1. かぼちゃのマフィン（p124）
2. 鶏レバーとほうれん草のソテー（p42）
3. 長芋のキーマカレーグラタン（p46）
4. 豆のマリネ（p84）
5. ココナツチキンカレー（p40）
6. ビーフストロガノフ（p25）

おくるごはんの
保存＆送り方

保存

料理をなるべく早く冷ます

調理した鍋から、冷蔵室であらかじめ冷やしておいたバットやボウルに広げて冷まします。氷水や保冷材を浮かせた水を張ったボウルなどの上に浮かべると、さらに早く冷やすことができます。ご飯ものは、バットに広げ、目的の大きさにしゃもじでざっと分け、温かいうちにラップで包みます。

ポリ袋に小分けして冷凍

粗熱が取れたら、ポリ袋(またはジッパー付きの保存袋)に小分けして、なるべく平らに広げて冷凍します。スープやシチューなどで唐辛子やローリエを使っている場合、送られた相手が気づかないまま食べてしまわないように必ず取り出してください。ミートボールやトーストなど、固形である程度高さのあるものは、あらかじめラップで包み、ポリ袋に入れると乾燥を防ぎ、食味も保たれます。

保存期間について

保存期間は料理を作って冷凍し、美味しく保存できる期間です。冷凍室の状況により多少差異がありますが、家庭で作る冷凍品であり、保存料など使用しないため、ほとんどの料理では2週間程度を目安とします。また、解凍したあとは冷蔵室で保存していても、ほとんどの料理は2日以内に食べ切るようにします。

家庭料理の保存でいちばん気をつけたいのは
食中毒が起こらないようにすることです。
料理ができあがったら、なるべく早く冷まして、清潔に小分けし
冷凍することが食中毒を予防します。また、冷凍する際は
－5度から－1度の最大氷結晶生成帯という
温度帯をできるだけ速やかに通り抜けて冷凍することが
食感や味を損ねないために大事です。

送り方

メッセージを添える

手紙ではなくても、簡単なメッセージなどを書いて送りましょう。料理を入れた袋に、料理名や食べ方のポイント、解凍方法や温め方などを書いた付せんを添えると、喜ばれるうえ、料理に疎い方でも解凍の仕方や食べ方がわかるので、美味しく食べてもらえます。

段ボール箱に詰める

料理をしっかり冷凍（半日〜1日）してから、段ボール箱に詰めます。1週間くらいで食べ切れる量（5食分ぐらい）だと無理なく、送るほうも送られるほうも負担がないでしょう。宅配便の場合は、送り先の受け取りに都合の良い日時を指定し、冷蔵便でなく必ず冷凍便で送りましょう。

※保冷箱や保冷袋を使うとかえって冷気を遮断するので、段ボール箱で送りましょう。段ボール箱のサイズは縦+横+高さの合計が60cm以内がおすすめです。

食べるときの
解凍の仕方＆温め方

解凍

基本は冷蔵室や流水解凍

形状や水分量により異なりますが、冷蔵室解凍には4〜8時間かかるため、夕食にする予定のものは朝のうちに冷蔵室に移しておきます。冷蔵室で解凍する時間がないときや、冷蔵室解凍が十分でないときは、水を張ったボウルに氷や保冷剤を入れ、浸水しないように包んだ食材を浸し、流水を当てて20〜30分解凍を行います。あえもの、生ものなど、温め直しが不要なものは流水解凍がおすすめです。本書ではいずれの解凍方法でも、ほとんど冷凍の部分がない状態を「十分な解凍」、袋から取り出せる程度でほとんどが冷凍のままの状態を「半解凍」として加熱時間の目安を記しています。また、一度解凍したあとの再冷凍は食味が落ちるうえ、衛生上の観点からも不可です。

直火の弱火で温める場合

十分な解凍後であれば、ポリ袋から鍋やフライパンに移し、フタをして直火の弱火で100gで2〜4分加熱します。半解凍の場合は100gで4〜10分加熱しなければならないため、汁気のないものや縮みやすいもの、焦げやすいものは、必ず流水解凍などを行い、十分に解凍することが必要です。

オーブントースターで焼く場合

十分な解凍後、ポリ袋から取り出し、必要に応じて耐熱皿やアルミホイルに移し、4〜5分を目安に焦げ目がうっすらつく程度に焼きます。

解凍の際も食中毒予防がいちばん大切なことです。
そのため、細菌が増殖しやすい常温解凍は絶対にしないこと。
冷蔵室（または流水）解凍のあと、それぞれの料理に合った方法で
しっかりと加熱します。解凍や温めの時間は目安です。
お使いの器具や状況により異なります。

温め

蒸し器で温める場合

直火の弱火やレンジで温めるよりも時間はかかりますが、本来の美味しさを引き出すおすすめの温め方です。特にご飯ものや、直火の弱火で温めると汁気がなくなるもの、縮みやすい料理は蒸し器の使用をおすすめします。
十分な解凍後に、ポリ袋から蒸し器対応の器に移し、蒸気の立った状態の蒸し器に入れ、100gで5〜8分温めます。半解凍の場合は倍の時間で温めます。蒸し器の火加減は常に蒸気が立つ程度に調節します。

電子レンジで温める場合

ポリ袋から取り出せる程度の半解凍の状態であっても、レンジ対応の器に移し、ふんわりとラップをして加熱すれば、ほとんどの料理が安全に解凍できます。オート機能がついているレンジなら、加熱時間もレンジに任せられるので、料理に疎い方にもおすすめの方法です。ただし、加熱ムラがある場合には再度短時間温めることや、ポリ袋に入れたままの長時間の加熱は袋が溶ける恐れがあるため避けること、アルミホイルに包んだものの加熱は火花が出て危険なため、レンジ対応の器に移すこと、などの注意点はしっかり伝えておくことが大切です。
500Wのレンジでは、十分な解凍後のものは100gで1分、半解凍のものなら100gで2分〜2分30秒が加熱時間の目安になりますが、形状や水分量により仕上がりが異なります。

山本式
弱火調理法の
基本の作り方

キャベツで山本式をマスター

用意するもの

●フタ付きの鍋（フライパン含む）
注ぎ口がなく、フタがぴったり合うものであればどんなものでもOK！

鍋によって加熱時間が異なります。本書では直径16〜18cmの鍋を使用した場合の加熱時間を目安としています。

●オリーブ油（または加熱用の良質な油）…大さじ1

●精製されていない塩…小さじ1/5

山本式での塩の目安

ひとつまみ…
人差し指、親指、中指で軽くつまんだ量（0.4〜0.8g）

少々…
人差し指、親指で軽くつまんだ量（0.2〜0.4g）

●キャベツ…1/4個
（正味300g）
キャベツは洗い、ザルに揚げて水気を切る。目的の料理に合う形、大きさに切る。

作り方

1 予熱をしていない鍋にオリーブ油をひき、塩を振る。

2 少量のキャベツを入れて、塩と油が鍋底全体に広がるようになじませる。

3 キャベツを全部入れて、フタをする。

4 弱火にかけ、8分ほど加熱する。そのままの状態で、なるべくフタを開けたり混ぜたりせずに、目的の料理に合うやわらかさになるまで、弱火で加熱する。

山本式弱火調理法（山本式）とは、
鍋、その鍋にぴったりと合うフタ、オリーブ油（または良質な油）、
少量の精製されていない塩を使って、ごく弱火で素材を加熱し、
最大限のうまみと栄養を引き出す画期的な調理法です。
いたって簡単な方法ですので、ぜひお手持ちの野菜でお試しください。

加熱時間の目安とポイント

1パック（100g）**5~8**分

しいたけ

切り方: 軸を取り、2つにそぎ切りする。
- オリーブ油…大さじ1
- 塩…ひとつまみ

※えのき、まいたけ、エリンギ、しめじなどを加えたきのこミックス（200g）であれば、オリーブ油大さじ1、塩小さじ1/5で、5~8分加熱する。

1個（250g）**10~15**分

玉ねぎ

切り方: せん切りやみじん切り
- オリーブ油…大さじ1
- 塩…小さじ1/5

1本（80g）**8**分

なす

切り方: ところどころ皮をむいて1cm厚さに輪切りにし、下処理用のオリーブ油大さじ1をかける。
- オリーブ油…大さじ1
- 塩…小さじ1/10

作り方: 5分加熱し、上下を返してさらに3分加熱する。

1本（150g）**8~10**分

にんじん

切り方: 薄く輪切りやせん切り
- オリーブ油…大さじ1
- 塩…小さじ1/5

1束（100g）茎3分＋葉3分 **6**分

小松菜

切り方: 食べやすい長さに切り、葉と茎をおおまかに分ける。
- オリーブ油…大さじ2
- 塩…ひとつまみ

作り方: 茎を3分加熱してから、葉をのせて3分加熱する。

1/8個（150g）**8~12**分

かぼちゃ

切り方: 幅5mmに切る。
- オリーブ油…大さじ1
- 塩…ひとつまみ

1枚200g **10~15**分

鶏もも肉

切り方: 鶏肉の厚い部分に包丁を寝かせて開くように切れ目を入れ、厚みを均等にする。塩、こしょうを各2つまみ、全体にまぶして下味をつける。
- オリーブ油……大さじ2
- 塩…小さじ1/4

作り方: 皮目を上にして5~7分加熱し、返してさらに5~8分加熱する。

その他の野菜の重量目安

アスパラガス（1束）…100g	キャベツ（1個）…1.2kg	長芋（1本）…600g	ほうれん草（1束）…300g
ピーマン（1個）…30g	さつま芋（1本）…200g	新ごぼう（1本）…80g	白菜（1株）…1kg
オクラ（1パック）…100g	里芋（1個）…50~70g	大根（1本）…1~1.5kg	セロリ（1本）…100g
ゴーヤ（1本）…300g	れんこん（1節）…180g	きゅうり（1本）…100g	アボカド（1個）…170g
ズッキーニ（1本）…200g	しめじ、エリンギ、えのき（各1パック）…各100g		じゃがいも（男爵1個）…100g

レシピの見方

この本のレシピは完成した料理を「冷凍して作り置き＆送る」という趣旨で作りました。もちろん、作りたてを楽しんだり数日なら冷蔵で保存しても大丈夫！食べるときに解凍して温める場合はレシピ下の解凍方法、加熱時間の目安などを参考にしてください。

山本式基本理
基本となる料理。このまま食べても、展開しても。

展開
基本の料理を使った展開料理。

山本式に注目！
山本式調理法。作り方はp16で詳しく解説。

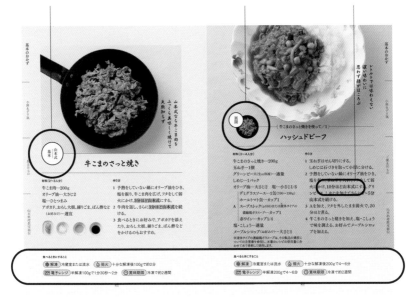

（**解凍**）冷蔵室で解凍する場合は「冷蔵室」、流水で解凍するものは「流水」、解凍の必要のないものは「なし」。

（**弱火**）十分な解凍後、直火の弱火で温める目安。ほかにオーブントースターや蒸し器で温める方法もある。

（**電子レンジ**）半解凍後に加熱する目安。電子レンジを使用できない場合は「不可」と表示。

（**賞味期限**）料理を作って、冷まして冷凍したあと、美味しく保存できる期間。

● 計量の単位は、小さじ1＝5ml、大さじ1＝15ml、1カップ＝200mlです。

● 電子レンジは500Wのものを使用しています。機種によって異なりますので、適宜調整してください。

● 野菜の手順は、特に明記してない限り、洗う、皮をむくなどの工程を済ませていることを前提としています。

01

基本のおかずを作れたら、いろんな料理に大変身！

山本式の基本のおかずをマスターして
そこからまったく違う味わいの料理へと
展開できるレシピです。
作る手間も材料もシンプルなのに
バリエーション豊か。
基本のおかずを多めに
作っておくと便利です。

山本式なら牛こま肉を
ふっくら美味しく焼けて
失敗知らず

山本式
基本

牛こまのさっと焼き

材料(2〜3人分)

牛こま肉…200g
オリーブ油…大さじ2
塩…ひとつまみ
アボカド、おろし大根、練りごま、ぽん酢など
(お好みで)…適宜

作り方

1 予熱をしていない鍋にオリーブ油をひき、塩を振り、牛こま肉を広げ、フタをして弱火にかけ、3分ほど山本式にする。

2 牛肉を返し、さらに3分ほど山本式を続ける。

3 食べるときにお好みで、アボカドを添えたり、おろし大根、練りごま、ぽん酢などをかけるのもおすすめ。

食べるときにすること

🌸 解凍 冷蔵室または流水 　 🔥 弱火 十分な解凍後100gで約2分

📺 電子レンジ 半解凍100gで1分30秒〜2分 　 🕐 賞味期限 冷凍で約2週間

レトルトでは味わえない
深い味わいに
思わず顔がほころぶ

展開

（ 牛こまのさっと焼きを使って／1 ）

ハッシュドビーフ

材料（3〜4人分）

牛こまのさっと焼き…200g

玉ねぎ…1個

グリーンピース（生or冷凍）…適量

しめじ…1パック

オリーブ油…大さじ2　塩…小さじ1/6

A
デミグラスソース…1缶（100〜150g）
ホールトマト缶…カップ1
スープストック（p103）または液体タイプの濃縮鶏ガラスープ…カップ1 ※
赤ワイン…カップ1/4

塩・こしょう…適量

メープルシロップ（お好みで）…大さじ1

※液体タイプの濃縮鶏ガラスープは、その製品の濃度についての注意書を参照し、本書のレシピの使用量に合わせて水で希釈して使用します。

作り方

1 玉ねぎはせん切りにする。
しめじは石づきを取って小房に分ける。

2 予熱をしていない鍋にオリーブ油をひき、塩を振り、玉ねぎを入れ、フタをして弱火にかけ、10分ほど山本式にする。グリンピース、しめじを加えてさらに3〜5分山本式を続ける。

3 Aを加え、フタを外したまま弱火で、20分ほど煮る。

4 牛こまのさっと焼きを加え、塩・こしょうで味を調える。お好みでメープルシロップを加える。

食べるときにすること

解凍	冷蔵室または流水	弱火	十分な解凍後200gで4〜6分
電子レンジ	半解凍200gで4〜6分	賞味期限	冷凍で約2週間

〈 牛こまのさっと焼きを使って／2 〉

ビビンバ

材料(2〜3人分)

牛こまのさっと焼き
…200g

A
┌ 醤油…大さじ1
├ ねぎ(小口切り)
│　…大さじ1
├ 炒りごま…大さじ1
├ ごま油…大さじ1
├ ハチミツ…少々
└ おろしにんにく
　…大さじ1/2

しいたけ…4〜5枚
小松菜…1/2束
もやし…1袋
オリーブ油…大さじ1
塩…少々
キムチ…適量
卵(お好みで)…1個(1人につき)

作り方

1 Aを混ぜて弱火で2分ほど煮る。小松菜は長さ4cmに
　切る。しいたけは石づきを取り、幅2mmに切る。

2 予熱をしていない鍋にオリーブ油をひき、塩を振り、もやし、
　しいたけ、小松菜の茎を並べ、フタをして弱火にかけ、
　3〜5分山本式にする。

3 牛こまのさっと焼き、小松菜の葉を加えて、さらに2分ほど
　山本式を続けたあと、Aのたれをかけ回す。

4 食べるときにキムチを盛り合わせる。お好みで生卵や温
　泉卵、目玉焼きなどをのせる。

　●できればもやしは送られた人が調理を！
　予熱をしていないフライパンにオリーブ油大さじ1/2をひき、塩少々を振り、
　もやしを入れてフタをして弱火にかけ、3〜5分山本式にする。

食べるときにすること

(❀ 解凍) 冷蔵室または流水　(🔥 弱火) 十分な解凍後200gで4〜5分

たんぱく質、鉄分、
カルシウム、食物繊維。
栄養満載のひと皿で
明日はもっと元気に！

電子レンジ 半解凍200gで4〜5分　賞味期限 冷凍で約2週間

野菜も肉もたっぷりの
優しい家庭の味。
豆腐を高野にすれば
冷凍できる！

展開

─〈 牛こまのさっと焼きを使って／3 〉─

肉豆腐

材料(2〜3人分)

牛こまのさっと焼き…200g
白菜…4〜6枚
しいたけ…4〜6枚
えのき…1パック
結びこんにゃく…4〜6個
高野豆腐…1個
オリーブ油…大さじ1　塩…小さじ1/6

A
一番または二番だし(p101)…カップ1
醤油…大さじ3〜4
メープルシロップ またはハチミツ
…大さじ1〜2

作り方

1 白菜は芯と葉の部分に切り分け、大きめに切る。しいたけ、えのきは石づきを取り、大きめに切る。結びこんにゃくは塩もみして水で塩気を洗い落とす。高野豆腐はお湯に浸けて戻し、4〜6等分に切る。

2 予熱をしていない鍋にオリーブ油をひき、塩を振り、結びこんにゃく、白菜の芯、しいたけ、えのきを並べ、フタをして弱火にかけ、10分ほど山本式にする。

3 白菜の芯に火が通ったら白菜の葉を重ね、さらに5分ほど山本式を続ける。

4 合わせたA、高野豆腐を加えて、2分ほど煮て味を含ませる。

5 牛こまのさっと焼きを加え、1分ほど煮て味をなじませる。

食べるときにすること

✿ 解凍 冷蔵室または流水　♨ 弱火 十分な解凍後200gで4〜5分

▣ 電子レンジ 結びこんにゃくがはじけるので不可　⏲ 賞味期限 冷凍で約2週間

難しそうに見えても
実は簡単！
隠し味の醤油がいい感じ

展開

―〈 牛こまのさっと焼きを使って／4 〉―

ビーフストロガノフ

材料（2〜3人分）

牛こまのさっと焼き…200g
玉ねぎ…1個
エリンギ…1本
しめじ…1パック
オリーブ油…大さじ1
塩…小さじ1/6
薄力粉…大さじ1
牛乳…カップ1/2
生クリーム…カップ1/2
醤油…小さじ1/4
塩・こしょう…適量
パセリ（みじん切り）…適量

作り方

1 玉ねぎはせん切りにする。エリンギは細く割く。しめじは石づきを取って小房に分ける。
2 予熱をしていない鍋にオリーブ油をひき、塩を振り、玉ねぎ、エリンギ、しめじの順に重ね、フタをして弱火にかけ、15分ほど山本式にする。
3 薄力粉を加えて混ぜ、牛乳、生クリームを加えて少し煮る。
4 牛こまのさっと焼きを加え、醤油、塩・こしょうで味を調える。
5 食べるときにパセリをあしらう。

食べるときにすること

❀ 解凍 冷蔵室または流水　　**🔥 弱火** 十分な解凍後200gで4〜6分

📺 電子レンジ 半解凍200gで4〜6分　　**🕐 賞味期限** 冷凍で約2週間

疲れたときこそ
ビタミンB群が豊富な
豚ひれ肉を

山本式 基本

豚ひれのふっくらソテー

材料（2〜3人分）

豚ひれ肉…200g
塩・こしょう…少々
オリーブ油…大さじ2〜3
塩…ひとつまみ
おろし大根、ぽん酢など（お好みで）
　…適宜

作り方

1　豚ひれ肉は1センチ厚さに斜めにそぎ
　切りする。塩・こしょうで下味をつける。

2　予熱をしていない鍋にオリーブ油をひき、
　塩を振り、豚肉をのせ、フタをして弱火に
　かけ、4分ほど山本式にする。

3　豚肉を返して、さらに3〜5分山本式を
　続ける。

　●焼き目をつけたい場合は、少し火を強める。

4　食べるときにおろし大根、ぽん酢などを
　添える。

食べるときにすること

❀ 解凍　冷蔵室または流水　　♨ 弱火　十分な解凍後100gで2〜3分

▣ 電子レンジ　半解凍100gで2〜3分　　🕑 賞味期限　冷凍で約2週間

作っておくと、オムレツ、ピザトースト、パスタなどにも変身！

展開

（豚ひれのふっくらソテーを使って／1）

ポークビーンズ

材料（2～3人分）

豚ひれのふっくらソテー…200g

玉ねぎ…1個

オリーブ油…大さじ1

塩…小さじ1/3

キドニービーンズ（缶詰）…カップ1

ホールトマト缶…カップ2

スープストック（p103）または液体タイプの濃縮

　鶏ガラスープ…カップ2

ローリエ…2～3枚

チリパウダー、タバスコ、唐辛子など（お好みで）

　…適宜

塩・こしょう…適量

パセリ（みじん切り）…適量

作り方

1　玉ねぎはみじん切りにする。ホールトマトを3/4量くらいにまで煮詰める。

2　予熱していない鍋にオリーブ油をひき、塩を振り、玉ねぎを入れ、フタをして弱火にかけ、7～10分山本式にする。玉ねぎの上に水気を切ったキドニービーンズを重ねて、さらに2分ほど山本式を続ける。

3　煮詰めたホールトマト、スープストック、ローリエを加える。お好みでチリパウダー、タバスコ、唐辛子などを加え、フタをして弱火で30分ほど煮る。豚ひれのふっくらソテーを加えて2分ほど煮てなじませる。塩・こしょうで味を調える。

4　食べるときにパセリをあしらう。

食べるときにすること

❄ 解凍）冷蔵室または流水　　🔥 弱火）十分な解凍後200gで4～5分

📺 電子レンジ）半解凍200gで4～5分　　🕐 賞味期限）冷凍で約2週間

長芋のクリームソースは栄養価が高いのにあっさりと優しい味

展開

（ 豚ひれのふっくらソテーを使って／2 ）

長芋と豚ひれのクリームパスタ

材料(2〜3人分)

豚ひれのふっくらソテー…100g
長芋…1/4本
オリーブ油…大さじ1　塩…少々

A
白ねぎ…1/2本
バター…大さじ1
醤油…小さじ1
こしょう…少々

B
生クリーム…カップ1/2
塩・こしょう…少々

パルメザンチーズ…大さじ1〜2
ピンクペッパー…適量
スパゲッティ(乾麺)…80〜100g(1人につき)

作り方

1　長芋は幅5mmの半月切りにする。白ねぎは斜めに薄切りにする。
2　予熱していない鍋にオリーブ油をひき、塩を振り、長芋を並べ、フタをして弱火にかけ、8分ほど山本式にする。
3　A、豚ひれ肉のふっくらソテーを加えてからませ、さらにBを混ぜ合わせる。
4　スパゲッティをゆでて、3のソースを合わせ、パルメザンチーズを加える。
5　食べるときにピンクペッパーをあしらう。

●冷凍するときは、スパゲッティとソースはからめずに、別々に包む。

食べるときにすること：ソース
解凍　冷蔵室または流水　弱火　十分な解凍後150gで3〜4分　電子レンジ　半解凍150gで3〜4分

食べるときにすること：スパゲッティ
解凍　軽く流水解凍　お湯　冷凍のまま200gにつき2〜3分ゆでる

手作りルウで
体に優しく
胃もたれしない
最高のカレーの
完成！

展開

─〈 豚ひれのふっくらソテーを使って／3 〉─

和風カレー

材料（3〜4人分）

豚ひれのふっくらソテー…200g

玉ねぎ…1個　にんじん…1/2本

里芋…4個（または長芋…1/3本）

オリーブ油…大さじ2

塩…小さじ1/6

二番だし（p101）

またはスープストック（p103）…500ml

カレー粉…大さじ2〜3

薄力粉…大さじ4〜5

バター…大さじ2

A
醤油…大さじ1
みりん…大さじ1/2

作り方

1　玉ねぎ、里芋、にんじんは、食べやすい大きさに切る。

2　予熱をしていない鍋にオリーブ油をひき、塩を振り、玉ねぎ、里芋、にんじんの順に重ね、フタをして弱火にかけ、15分ほど山本式にする。

3　二番だしを加え、フタを外したまま弱火でやわらかくなるまで煮る。

4　バターをマヨネーズ状にやわらかくし、カレー粉、薄力粉を入れて混ぜ、3に加えて5分ほど煮る。

5　豚ひれ肉のふっくらソテー、Aを加えて味を調える。

賞味期限　冷凍で約2週間

電子レンジ　冷凍200gで3〜4分

食べるときにすること：和風カレー

解凍　冷蔵室または流水　弱火　十分な解凍後200gで4〜5分

電子レンジ　半解凍200gで4〜5分　賞味期限　冷凍で約2週間

しょうが焼きの
たれがしっかり
からんで
ご飯がすすむ

展開

（ 豚ひれのふっくらソテーを使って／4 ）

しょうが焼き

材料(2〜3人分)

豚ひれのふっくらソテー…200g

A
醤油…20ml
みりん…20ml
ごま油…小さじ1/2
ハチミツ…小さじ1/2
酒…10ml
おろししょうが…小さじ2

山本式キャベツなど(お好みで)…適宜

作り方

1　鍋にAを入れ、中火にかけて沸騰させ
る。火を弱めて2〜3分煮詰める。

2　豚ひれのふっくらソテーを加えて、から
める。

●焼き目をつけたい場合は、少し強めで火を通す。
●山本式キャベツ(p16)を添えると、栄養バランス
が調い、美味しくなるのでおすすめ。

食べるときにすること

解凍 冷蔵室または流水　　　弱火 十分な解凍後100gで2〜3分

電子レンジ 半解凍100gで2〜3分　　　賞味期限 冷凍で約2週間

味噌を少量塗るだけで
味噌漬けに
負けない味わい

(山本式 基本)

豚の味噌塗り焼き

材料(2〜3人分)

豚肉(しょうが焼き用)…6枚(240g)

A ┌ 味噌…大さじ2
  │ ハチミツ…大さじ1
  └ 酒またはみりん…大さじ1

オリーブ油…大さじ2

塩…ひとつまみ

作り方

1 Aを混ぜて、豚肉に塗る。

2 予熱をしていない鍋にオリーブ油をひき、塩を振り、1をのせ、フタをして弱火にかけ、5分ほど山本式にする。

3 豚肉を返し、火が通るまでさらに3〜5分山本式を続ける。

食べるときにすること

(❋ 解凍) 冷蔵室または流水　(♨ 弱火) 十分な解凍後100gで2〜3分

(▣ 電子レンジ) 半解凍100gで2〜3分　(🕐 賞味期限) 冷凍で約2週間

豚肉と相性抜群の
キャベツもふんだんに。
山本式だと
炒めるのが簡単

展開

――（ 豚の味噌塗り焼きを使って／1 ）――

ホイ　コー　ロー
回鍋肉

材料(1人分)

豚の味噌塗り焼き…2枚(80g)
キャベツ…1/8個
赤パプリカ…1/4個
にんにく…適量
ごま油…大さじ1
塩…少々

A
味噌…小さじ1/2
片栗粉…小さじ1/2

作り方

1 キャベツ、赤パプリカは食べやすい大きさにざく切りにする。にんにくは薄くスライスする。豚の味噌塗り焼きは食べやすい大きさに切る。
2 予熱していない鍋にごま油をひき、塩を振り、にんにく、キャベツ、赤パプリカの順に重ね、フタをして弱火にかけ、5分ほど山本式にする。
3 Aを加えて、ひと混ぜし、豚の味噌塗り焼きを加え、火を通す。

食べるときにすること

❀ 解凍　冷蔵室または流水　　🔥 弱火　十分な解凍後150gで3〜4分

▣ 電子レンジ　半解凍150gで3〜4分　　🕐 賞味期限　冷凍で約2週間

消化がいいので
お年寄りや子ども
食欲不振の人に。
おすましや
味噌汁の具にも

（ 展開 ）

〈 豚の味噌塗り焼きを使って／2 〉

大根餅

材料（5cm大8個分）

豚の味噌塗り焼き…2枚（80g）
おろし大根…50g
大根…100g　小ねぎ…2本

	上新粉または団子粉…カップ1/2
A	片栗粉…大さじ1
	ぬるま湯…大さじ3

ごま油…大さじ1　塩…少々
おろし大根…適量　醤油…適量

作り方

1　豚の味噌塗り焼きは細切りにする。
　　小ねぎは小口切りにする。

大根は長さ2cmの細切りにする。

2　ボウルにAを入れてざっと混ぜ、1、おろ
　　し大根（50g）を加えてさらに混ぜる。

3　予熱をしていない鍋にごま油（大さじ1）を
　　ひき、塩（少々）を振り、2の生地を8等分
　　にしてのせる。

　　※26cmフライパンで一度に焼けるのは4～5個な
　　ので2回に分ける。

　　フタをして弱火にかけ、3分ほど山本式
　　にする。焼き目がついたら餅を返して、さ
　　らに3分ほど山本式を続ける。

4　食べるときにおろし大根、醤油を添える。

食べるときにすること

（ 🌸 解凍 ）冷蔵室または冷凍のまま　　（ 🍱 蒸し器 ）十分な解凍後4個で2～3分（冷凍のま
ま6～8分）　（ 🔲 電子レンジ ）冷凍のまま4個で2～3分　（ 🕐 賞味期限 ）冷凍で約2週間

山本式でゴーヤを
ワタごと調理して
苦みなく栄養アップ

展開

（豚の味噌塗り焼きを使って／3）

ゴーヤチャンプルー

材料（2〜3人分）

豚の味噌塗り焼き…2枚(80g)

ゴーヤ…1/2本

玉ねぎ…1/2個

オリーブ油…大さじ1　塩…ひとつまみ

醤油…小さじ1/2　ハチミツ…小さじ1/2

高野豆腐…2個　味噌…小さじ1

水溶き葛
　葛粉…小さじ1/2
　水…大さじ1

作り方

1　ゴーヤは縦半分に切り、ワタを残して種を取り除き、斜めに薄切りする。

玉ねぎはせん切りにする。

高野豆腐はお湯に浸けて戻す。

豚の味噌塗り焼きは幅1cmに切る。

2　予熱していない鍋にオリーブ油をひき、塩を振り、玉ねぎ、ゴーヤの順に重ね、フタをして弱火にかけ、7〜10分ほど山本式にする。

3　醤油、ハチミツを加えてさっと混ぜ、高野豆腐を加えて味を軽く染み込ませ、豚の味噌塗り焼きを加える。

4　味噌、水溶き葛を加えてさっと混ぜ、とろみをつける。

食べるときにすること

🎇 解凍　冷蔵室または流水　　🔥 弱火　十分な解凍後100gで2〜3分

📺 電子レンジ　半解凍100gで2〜3分　　🕐 賞味期限　冷凍で約2週間

ふっくらジューシーに
焼き上がった鶏もも肉の
美味しさは絶品！

山本式
基本

鶏もものにんにく醤油焼き

材料（2人分）

鶏もも肉…1枚（250〜300g）

A
醤油…小さじ2
みりん…小さじ2
おろしにんにく…小さじ1/2

オリーブ油…大さじ1

塩…少々

作り方

1 鶏もも肉は余分な脂肪を取り、火が通りやすいようにところどころ切り開いて、混ぜたAに1時間ほど漬け込む。

2 予熱をしていない鍋にオリーブ油をひき、塩を振り、鶏肉の皮目を上にして置き、フタをして弱火にかけ、5〜8分山本式にする。鶏肉を返してさらに5〜8分山本式を続ける。

●焼き目をつけたい場合は、鶏肉を返したあとフタを外して焼く。

食べるときにすること

解凍 冷蔵室または流水　弱火 十分な解凍後250gで4〜5分

電子レンジ 半解凍250gで5〜6分　賞味期限 冷凍で約2週間

いつもの鶏もも肉が
豪華に感じるひと皿。
クリスマスはもちろん、
記念日や
お祝いにもおすすめ

展開

〈 鶏もものにんにく醤油焼きを使って／1 〉

鶏の赤ワイン煮

材料(2人分)

鶏もものにんにく醤油焼き…1枚
玉ねぎ…1個
オリーブ油…大さじ1
塩…ひとつまみ

A｜ホールトマト缶…カップ1
｜スープストック(p103)…カップ1
｜赤ワイン…カップ1/2
｜ドライプルーン…6個
｜ローリエ…1枚

塩・こしょう…少々
パセリ(みじん切り)…適量

作り方

1 玉ねぎはみじん切りにする。
　鶏もものにんにく醤油焼きは食べやす
　い大きさに切る。

2 予熱をしていない鍋にオリーブ油をひき、
　塩を振り、玉ねぎを入れ、フタをして弱
　火にかけ、15分ほど山本式にする。

3 Aを加えて、フタを外したまま弱火で15
　分ほど煮てから、鶏もものにんにく醤油
　焼きを加えて、さらに5〜10分煮る。
　塩・こしょうで味を調える。

4 食べるときにパセリをあしらう。

食べるときにすること

| 🌀 解凍 | 冷蔵室または流水 | 🔥 弱火 | 十分な解凍後200gで4〜5分 |
| 📺 電子レンジ | 半解凍200gで4〜5分 | 🕐 賞味期限 | 冷凍で約2週間 |

冷蔵庫解凍したあとも
日持ちがするので
お弁当や作り置きに最適

展開

〈 鶏もものにんにく醤油焼きを使って／2 〉

焼きなんばん

材料(2人分)

鶏もものにんにく醤油焼き…1枚

玉ねぎ…1/2個

パプリカ…1個

オリーブ油…大さじ1

塩…少々

A
| 白バルサミコ酢または米酢やりんご酢…大さじ5
| EXVオリーブ油…大さじ3
| ハチミツまたはメープルシロップ…小さじ2〜4
| 塩…ひとつまみ
| こしょう…少々

甘酢きゅうり(p68、お好みで)…適宜

作り方

1　ボウルにAを混ぜ合わせ、マリネ液を作る。玉ねぎ、パプリカはせん切りにする。

2　予熱をしていない鍋にオリーブ油をひき、塩を振り、玉ねぎ、パプリカの順に重ね、フタをして弱火にかけ、5分ほど山本式にする。

3　1のマリネ液に、2、鶏もものにんにく醤油焼きを入れ、10分以上漬け込む。

4　食べるときに甘酢きゅうりを添える。また、野菜入り醤油甘酢あん(p93)をかけても美味。

食べるときにすること

(🌸 解凍) 冷蔵室または流水　　(🍱 蒸し器) 十分な解凍後150gで3〜5分

(📺 電子レンジ) 十分な解凍後150gで1分〜1分30秒(半解凍は不可)

(🕐 賞味期限) 冷凍で約2週間

美肌の素、免疫力アップを期待できる。コラーゲンがたっぷり！

山本式
基本

鶏手羽先のやわらか煮

材料（2～3人分）

鶏手羽先…10本(300g)
オリーブ油…大さじ1
塩…ひとつまみ
A 醤油…50ml
　 メープルシロップ…40ml
　 水…150ml
五香粉（お好みで）…ひとつまみ

作り方

1 予熱をしていない鍋にオリーブ油をひき、塩を振り、鶏手羽先を並べ、フタをして弱火にかけ、5分ほど山本式にする。

2 鶏手羽先を返して、さらに3分ほど山本式を続ける。

3 Aを加えて強火にし、フタをして沸騰するまで煮る。沸騰したらフタを外し、時々上下を入れ替えながら、弱火で煮汁が半分になるまで煮る。お好みで五香粉を加える。

食べるときにすること

（✼解凍）冷蔵室または流水　　（◍弱火）十分な解凍後150gで4～5分

（蒸し器）十分な解凍後150gで4～5分　　（電子レンジ）手羽先が破裂するので不可

（賞味期限）冷凍で約2週間

里芋を先に山本式で加熱することが煮崩れしないポイント

展開

（鶏手羽先のやわらか煮を使って／1）

鶏手羽先と里芋のほっこり煮

材料（2人分）

鶏手羽先のやわらか煮…4本
里芋…2〜3個
チンゲン菜…1株
オリーブ油…大さじ1
塩…少々

A
｜醤油…大さじ1
｜酒…大さじ1
｜二番だし(p101)…カップ1

厚揚げ…1/2丁
おろししょうが…小さじ1/4
水溶き葛（お好みで）
｜葛粉…小さじ1
｜水…大さじ1

作り方

1 里芋は皮をむき、ひと口大よりやや大きめに切る。チンゲン菜は縦半分に切る。

2 予熱をしていない鍋にオリーブ油をひき、塩を振り、里芋を入れ、フタをして弱火にかけ、12分ほど山本式にする。

3 チンゲン菜を加えて、さらに2分ほど山本式を続ける。チンゲン菜を取り出し、Aを加えて、フタを外したまま弱火で3分ほど煮る。

4 厚揚げ、鶏手羽先のやわらか煮、おろししょうがを加えて10分ほど煮て、チンゲン菜を鍋に戻す。
お好みで水溶き葛でとろみをつける。

食べるときにすること

（解凍）冷蔵室または流水　（弱火）十分な解凍後150gで4〜5分　（蒸し器）十分な解凍後150gで4〜5分　（電子レンジ）不可　（賞味期限）冷凍で約2週間

味つきの手羽先で
エスニック料理も手軽に。
クセになる味

展開

（ 鶏手羽先のやわらか煮／2 ）

ココナツチキンカレー

材料（4人分）

鶏手羽先のやわらか煮…8本

A | おろしにんにく…小さじ1
　 | カレー粉…小さじ1/3

玉ねぎ…2個

おろしにんにく…大さじ1

しょうが（みじん切り）…大さじ1

オリーブ油…大さじ2

塩…ひとつまみ

カレー粉…大さじ2〜3

唐辛子…1〜2本

スープストック（p103）または液体タイプの濃縮
　鶏ガラスープ…300ml

ココナツミルク…150〜200ml

塩・こしょう…少々

作り方

1　玉ねぎはみじん切りにする。
　　鶏手羽先のやわらか煮にAで下味を
　　つける。

2　予熱をしていない鍋にオリーブ油をひき、
　　塩を振り、玉ねぎ、おろしにんにく、しょう
　　がを入れ、フタをして弱火にかけ、20分
　　ほど山本式にする。

3　カレー粉を加えてひと混ぜし、唐辛子
　　（切らずに）、スープストックを加えて、フタを
　　外したまま弱火で20〜30分煮込む。

4　鶏手羽先のやわらか煮、ココナツミルクを
　　加えて、5分ほど煮て、塩・こしょうで味を
　　調える。

食べるときにすること

（❀ 解凍）冷蔵室または流水　　（🔥 弱火）十分な解凍後200gで4〜5分

（🔲 電子レンジ）不可　　（🕐 賞味期限）冷凍で約2週間

40

とっておきの下処理で
鶏レバーがいちだんと
美味しく食べやすくなる

山本式
基本

鶏レバーのバルサミコソテー

材料（2〜3人分）

鶏レバー…3〜4個（200〜250g）

塩…小さじ1/3

オリーブ油…大さじ2　　塩…ひとつまみ

塩・こしょう…少々

A
| バルサミコ酢…大さじ2
| 赤ワイン…大さじ1　醤油…大さじ1
| ハチミツまたはメープルシロップ…小さじ1
| 粒マスタード…大さじ1

おろし大根…適量

作り方

1　鶏レバーは包丁で切り開いて塩（小さじ 1/3）をまんべんなく振る。指で軽く揉んで血合いを押し出し、氷水で洗って、水気を拭き取る。食べやすい大きさに切る。

2　予熱をしていないフライパンにオリーブ油をひき、塩を振り、鶏レバーをのせ、フタをして弱火にかけ、8分ほど山本式にする。途中で1〜2度鶏レバーを返す。

3　鶏レバーに火が通ったら、塩・こしょうをして取り出す。

4　混ぜたAを加え、フタを外したまま弱火で煮詰め、ソースが半量近くにまでなったら、鶏レバーを戻して煮からめる。

5　食べるときにおろし大根を添える。

食べるときにすること

（❋ 解凍）冷蔵室または流水　　（🔥 弱火）十分な解凍後100gで2〜3分

（🍲 蒸し器）十分な解凍後100gで2〜3分　　（📶 電子レンジ）不可

（🕐 賞味期限）冷凍で約2週間

不足がちな鉄分が
十分にとれる、
最強の組み合わせ

（展開）

─（ 鶏レバーのバルサミコソテーを使って／1 ）─

鶏レバーとほうれん草のソテー

材料（3〜4人分）

鶏レバーのバルサミコソテー…半量
ほうれん草…1束
しいたけ…3〜4枚
レーズン…大さじ1
オリーブ油…大さじ1　塩…ごく少量
バター…大さじ1
松の実またはくるみ…大さじ1〜2
塩・こしょう…少々

作り方

1 たっぷりの湯を沸かし、お湯に対して
0.5%の塩（分量外）を入れてほうれん草
をゆで、冷水に取って冷まし、絞って食
べやすい大きさに切る。
しいたけは石づきを取り、幅3mmに切る。
2 予熱をしていない鍋にオリーブ油をひき、
塩を振り、しいたけ、レーズンの順に重
ね、フタをして弱火にかけ、3分ほど山本
式にする。
3 ほうれん草を加え、バター、松の実、鶏
レバーのバルサミコソテーを加えて、
塩・こしょうで味を調える。

食べるときにすること

（❋ 解凍）冷蔵室または流水　（♨ 弱火）十分な解凍後100gで2〜3分

（🍲 蒸し器）十分な解凍後100gで2〜3分　（📟 電子レンジ）不可

（🕐 賞味期限）冷凍で約2週間

こっくりとした鶏レバーのソテーに
たっぷりの新鮮野菜。
ヘルシーでフレッシュなひと皿

展開

〈 鶏レバーのバルサミコソテーを使って／2 〉

鶏レバーソテーサラダ

材料(2人分)

鶏レバーのバルサミコソテー…半量

レタスなどの生野菜…適量

A
　EXVオリーブ油…大さじ1
　ハチミツ…小さじ1/3
　白バルサミコ酢…小さじ2
　(または白ワイン酢やりんご酢や柑橘のしぼり汁
　　…小さじ1)
　塩…ひとつまみ
　こしょう…少々
　粒マスタード(お好みで)…小さじ1/3

冷凍の焼きなす、アボカドスライス、甘酢きゅ
うりや甘酢玉ねぎ(p68、お好みで)…適宜

作り方(送られた人が調理)

1 レタスは洗って手でちぎり、水気をよく切
　る。ほかの野菜も好みの大きさに切る。

2 Aのドレッシングの材料を混ぜ合わせる。
　●送る人がドレッシングを作って送ってもOK。

3 皿にレタスを敷き、鶏レバーのバルサミ
　コソテー、野菜を盛り、ドレッシングをか
　ける。
　●送られた人が好きな野菜を準備して、フレッシュ
　なサラダを楽しんでください。

食べるときにすること

🌸 解凍　冷蔵室または流水

🔥 弱火　十分な解凍後50gで2〜3分

🍲 蒸し器　十分な解凍後50gで2〜3分

📺 電子レンジ　不可

🕐 賞味期限　冷凍で約2週間

スープストックの
具を使うと
時短＆節約に

食べるときにすること

(❀ 解凍) 冷蔵室または流水　　(🔥 弱火) 十分な解凍後200gで4〜5分

山本式
基本

キーマカレー

材料(4〜5人分)

合挽き肉…250g

玉ねぎ…2個

ピーマン…1個

オリーブ油…大さじ2

塩…小さじ1/4

A
| カレー粉…大さじ2〜3
| おろしにんにく…大さじ1
| しょうが(みじん切り)…15g

ホールトマト缶…カップ2

スープストック(p103)または液体タイプの濃縮鶏ガラスープ…カップ1

チャツネ…大さじ1〜2

山本式の野菜を添えて
(お好みの野菜で)

B
| 玉ねぎ…1/4個
| かぼちゃ…薄切り4枚
| オクラ…4本
| なす…輪切りで4枚
| にんじん
| …輪切りで4枚
| オリーブ油…大さじ2
| 塩…小さじ1/4

● スープストック(p103)で取り出した野菜と牛挽き肉(300〜400g)を使ってもOK!

作り方

1 玉ねぎ、ピーマンはみじん切りにする。
   ホールトマトは鍋で半量になるまで煮詰める。

2 予熱をしていない鍋にオリーブ油をひき、塩を振り、玉ねぎを入れ、フタをして弱火にかけ、10分ほど山本式にする。

3 A、煮詰めたホールトマト、合挽き肉、スープストック、チャツネを加えてフタをしないで弱火で15分ほど煮る。

   ●スープストックの具を使う場合は、具と、A、煮詰めたホールトマト、スープストック、チャツネを加え、フタをしないで弱火で15〜20分ほど煮る。

4 ピーマンを加えて軽く火を通し、味を調える。

5 予熱をしていないフライパンにオリーブ油をひき、塩を振り、Bの野菜を並べ、フタをして弱火にかけ、10分ほど山本式にする。食べるときにキーマカレーに添える。

📻 電子レンジ 半解凍200gで4〜5分　🕐 賞味期限 冷凍で約2週間

ホワイトソースいらずで
手軽でヘルシー。
消化がよく、
夜食にもOK

展開

（ キーマカレーを使って／1 ）

長芋のキーマカレーグラタン

材料（4個分）

キーマカレー…大さじ6

長芋…1/2本

オリーブ油…大さじ1

塩・こしょう…少々

A｜生クリーム…カップ1/4
　｜牛乳…カップ1/4
　｜塩・こしょう…少々

マカロニ（ゆでる）…40〜60g

モッツァレラチーズ…20〜40g

作り方

1　長芋は幅5mmの輪切りにする。

2　予熱をしていない鍋にオリーブ油をひき、塩を振り、長芋を並べ、フタをして弱火にかけ、10分ほど山本式にする。

3　Aを加えて、フタを外したまま弱火で3分ほど煮詰める。

4　耐熱皿やアルミ容器にゆでたマカロニ、3、キーマカレー、モッツァレラチーズの順にのせる。オーブントースターまたは200℃のオーブンで4〜5分、焦げ目がつく程度に焼く。

食べるときにすること

（❀解凍）冷蔵室　（🍞トースター）十分な解凍後4〜5分

（🕐賞味期限）冷凍で約2週間

トースターで焼くと
アツアツで香ばしく
作りたての
美味しさに

展開

───（キーマカレーを使って／2）───

カレーチーズトースト

材料(2人分)

キーマカレー…大さじ4〜6

食パン(4枚切り)…2枚

パルメザンチーズ…大さじ1〜2

（またはモッツァレラなど、ピザ用チーズ…80g）

甘酢きゅうりや甘酢玉ねぎ(p68)、

レタス、プチトマト、ピンクペッパーなど

（お好みで）…適宜

作り方

1 食パンにキーマカレーをのせ、パルメザンチーズを振りかけ、オーブントースターでこんがり4〜5分焼く。

2 食べるときにお好みで、甘酢きゅうりや甘酢玉ねぎ、レタス、プチトマト、ピンクペッパーなどを添える。

食べるときにすること

🌸 解凍 冷蔵室　　📻 トースター 十分な解凍後4〜5分

🕐 賞味期限 冷凍で約2週間

ふんわりジューシーな
かわいい人気者は
展開いろいろ

山本式
基本

ミートボール

材料（16〜20個分）

玉ねぎ…1/2個

オリーブ油…大さじ1

塩…小さじ1/5

A
豚挽き肉…100g
牛挽き肉…200g
卵…M玉1個
パン粉…カップ1/3〜1/2
牛乳または生クリーム…大さじ2〜3
ナツメグ（あれば）…小さじ1/4
塩…小さじ1/3
こしょう…小さじ1/8

オリーブ油…大さじ2

作り方

1　玉ねぎはみじん切りにする。

2　予熱をしていない鍋にオリーブ油（大さじ1）をひき、塩を振り、玉ねぎを入れ、フタをして弱火にかけ、10〜15分ほど山本式にする。火が通ったら、大きめのボウルに入れて冷ます。Aを加えてよく練る。

3　生地を16〜20個に分けて丸める。

4　予熱をしていないフライパンにオリーブ油（大さじ2）をひき、3を並べる。中火よりもやや弱火で片面を焼く。焼き面から5mmほど色が変わったら返し、フタをして弱火にし、3〜4分焼く。

食べるときにすること

🌸 解凍　冷蔵室または流水　　🔥 弱火　十分な解凍後8〜10個で4〜5分

📺 電子レンジ　半解凍8〜10個で4〜5分　　🕐 賞味期限　冷凍で約2週間

野菜たっぷりの甘酢あんで食べごたえのある一品

展開

──〈 ミートボールを使って／1 〉──

醋溜丸子 （肉団子の甘酢あんかけ）

材料（3〜4人分）

ミートボール…16〜20個

玉ねぎ…1/2個

干ししいたけ…3枚

パプリカ…1/2個

パイナップル（生）…80g

オリーブ油…大さじ2　塩…ひとつまみ

A
米酢…大さじ3　砂糖…大さじ3〜4
ケチャップ…大さじ1〜2
おろしにんにく…小さじ1
ごま油…小さじ1　醤油…小さじ1

水溶き片栗
片栗粉…小さじ2
水…カップ1/2

小ねぎ（小口切り）…適量

作り方

1　玉ねぎ、パプリカ、パイナップルは食べやすい大きさに切る。干ししいたけは水で戻し、幅1cmに切る。

2　予熱をしていない鍋にオリーブ油をひき、塩を振り、玉ねぎ、戻したしいたけの順に重ね、フタをして弱火にかけ、8分ほど山本式にする。

3　パプリカ、パイナップルを重ねて、さらに3分ほど山本式を続け、ミートボールを加えてさっと混ぜる。

4　混ぜたA、水溶き片栗を加えてやや火を強め、3分ほど火を通してとろみをつけ、小ねぎをあしらう。

食べるときにすること

🌸 解凍　冷蔵室または流水　　🔥 弱火　十分な解凍後150gで2分30秒〜3分

📺 電子レンジ　半解凍150gで2分30秒〜3分　　🕐 賞味期限　冷凍で約2週間

基本のおかず

小鉢&デリ風

ご飯&汁もの

山本料理教室秘伝

寒い日に食べる
アツアツのドリアは
格別のごちそう

展開

（ ミートボールを使って／2 ）

ミートボールドリア

材料(4人分)

ミートボール…16〜20個
玉ねぎ…1/2個
にんじん…1/6本
マッシュルーム…8個
オリーブ油…大さじ1
塩…ひとつまみ

A
ワイン…大さじ1〜2
ケチャップ…大さじ3
ウスターソース…大さじ2

牛乳…カップ2
薄力粉…大さじ2と1/2
バター…20g
パルメザンチーズ…10〜15g
ご飯…茶碗4杯分(軽めに)
パセリ(みじん切り)…適量

作り方

1 玉ねぎ、にんじん、マッシュルームは、みじん切りにする。

2 予熱をしていない鍋にオリーブ油をひき、塩を振り、玉ねぎ、にんじん、マッシュルームの順に重ね、フタをして弱火にかけ、8分ほど山本式にする。

3 別の鍋にAを入れ、フタをしないで弱火で2分ほど煮て、ミートボールを入れてからめる。

4 2に薄力粉、バターを入れて中火にして混ぜる。牛乳を少しずつ加える。

5 耐熱皿にご飯、ミートボールをのせ、4をかけ、パルメザンチーズを振って、オーブントースターで焼き色がつくまで4〜5分焼く。

6 食べるときにパセリをあしらう。

食べるときにすること

解凍 冷蔵室　　トースター 十分な解凍後8〜10分

賞味期限 冷凍で約2週間

キャベツで包む、そのひと手間が温かみを伝えてくれる

展開

（ ミートボールのたねを使って ）

ロールキャベツ

材料(4人分)

キャベツ…8枚　玉ねぎ…1/2個

オリーブ油…大さじ1　塩…小さじ1/5

A
| 豚挽き肉…100g
| 牛挽き肉…200g
| 卵…M玉1個
| パン粉…カップ1/3〜1/2
| 牛乳または生クリーム…大さじ2〜3
| ナツメグ（あれば）…小さじ1/4
| 塩…小さじ1/3　こしょう…小さじ1/8

スープストック(p103)または液体タイプの濃縮
　鶏ガラスープ…カップ2

ローリエ…1枚

ホールトマト缶…カップ1/2〜2/3

ケチャップ…大さじ1

塩・こしょう…少々

パセリ（みじん切り）…適量

作り方

1 キャベツは1分弱ゆでて、冷ます。

2 ミートボール(p48)のレシピ1〜2の要領で肉だねを作る。

3 肉だねを8等分にし、キャベツで包む。
　※鍋にきっちり敷きこめば、楊枝で留めなくてもOK。

4 鍋に3をきっちりと並べ、スープストック、ローリエ、ホールトマト、ケチャップを入れ、フタをしないで弱火にかけ、30分ほど煮込んだら、塩・こしょうで味を調える。

5 食べるときにパセリをあしらう。

食べるときにすること

🏵 解凍 冷蔵室または流水　　🔥 弱火 十分な解凍後200gで4〜5分

📺 電子レンジ 十分な解凍後200gで3〜4分　　🕐 賞味期限 冷凍で約2週間

お肉たっぷりの
ジューシーな美味しさは
手作りならでは

基本　山本式

焼きぎょうざ

材料(20〜30個分)

玉ねぎ…1/2個

オリーブ油…大さじ1/2　塩…少々

A
豚挽き肉…200g
醤油…小さじ1　ごま油…小さじ1
おろししょうが(お好みで)…適宜
おろしにんにく(お好みで)…適宜

ぎょうざの皮…20〜30枚

ごま油…大さじ1(1回につき)

湯…1/4カップ(1回につき)

作り方

1 玉ねぎはみじん切りにする。

2 予熱をしていない鍋にオリーブ油をひき、塩を振り、玉ねぎを入れ、フタをして弱火にかけ、8〜10分山本式にする。

3 ボウルに2を入れて冷ましてから、Aを加え、よく練る。ぎょうざの皮に20〜30個分包む。

4 予熱をしていない直径22〜24㎝のフライパンに、ごま油大さじ1をひき、10〜15個のぎょうざを並べ、1〜1分30秒ほど中火にかける。焼き色がついたら湯(カップ1/4)をかけ回し、すぐにフタをして3〜5分蒸し焼きにする。皮の色が変わり、肉色が透けて見えて火が通っていたら、フタを外してフライパンに残った水分を飛ばす。残りのぎょうざも同様に焼く。

食べるときにすること

🎐 解凍 冷蔵室または流水　　🔥 弱火 十分な解凍後6個100gで3〜4分

▦ 電子レンジ 半解凍6個100gで約2分　　🕐 賞味期限 冷凍で約2週間

52

山本式で
やわらかく仕上げた
野菜と一緒に。
栄養も満点、
コクもアップ！

展開

（ 焼きぎょうざを使って／1 ）

ぎょうざ鍋

材料（2〜3人分）

焼きぎょうざ…4〜5個（1人につき）
白菜…1/8株　お好みのきのこ…100g
春雨（乾燥）…10g　オリーブ油…大さじ1
塩…小さじ1/5　三つ葉…10本
昆布水
　　昆布…はがき大1枚
　　水…カップ2
浸けだれ（お好みで）
　　ぽん酢、ねりごま、おろし大根など
　　　…適宜

作り方

1　白菜は芯と葉に分け、幅4cmに切る。
　きのこは石づきを取り、食べやすい大き
　さに切る。春雨は水（分量外）で戻す。
　水（カップ2）に昆布を30分ほど浸し、昆
　布水を作る。

2　予熱をしていない鍋にオリーブ油をひき、
　塩を振り、白菜の芯、きのこの順に重ね、
　フタをして弱火にかけ、6分ほど山本式
　にする。

3　春雨、白菜の葉を重ね、さらに5分ほど
　山本式を続ける。

4　昆布水と焼きぎょうざを加え、鍋に仕立
　てる。

5　食べるときに、お好みの浸けだれを添
　える。

●冷凍するときは、ぎょうざを別にする。

食べるときにすること

（❋ 解凍）冷蔵室または流水　（🔥 弱火）鍋の具材と汁を火にかけ、沸騰したら解凍した
ぎょうざを加えて温める　（▱ 電子レンジ）不可　（⏱ 賞味期限）冷凍で約2週間

アツアツのあんを
かけると
いつでも
焼きたての味に

展開

（ 焼きぎょうざを使って／2 ）

あんかけぎょうざ

材料（4人分）

焼きぎょうざ…20〜30個
醤油あん

A
┌ 一番だし（p101）…カップ1
│ 醤油…大さじ1
│ みりん…大さじ1/2〜1
└ 片栗粉…小さじ2

作り方

1 鍋にAを入れて混ぜ、中火よりもやや
　強火にかける。木しゃもじでとろみがつ
　くまで混ぜる。

2 焼きぎょうざに醤油あんをかける。

　●醤油あんは、ぎょうざのほか、豚ひれのふっくらソテー
　（p26）、大根餅（p33）、エビの真珠蒸し（p55）、うそ
　つき炒飯（p59）、イカのふっくらソテー（p61）、ふわふ
　わ手作りがんも（p66）、白ねぎの八幡巻（p72）、とろ
　ける高野の煮物（p115）、ごま豆腐（p114）などにおす
　すめ。

　●冷凍するときは、醤油あんとぎょうざは別々にする。

食べるときにすること

（ 🌸 解凍 ）冷蔵室または流水　（ 📺 電子レンジ ）あん：不可　ぎょうざ：半解凍6個100gで

約2分　（ 🔥 弱火 ）十分に解凍した醤油あんを混ぜながら温め、温めたぎょうざにかける

（ 🕐 賞味期限 ）冷凍で約2週間

家で手軽に点心を。
焼くのではなく
蒸すので、失敗知らず

(エビミンチを加えて)

エビの真珠蒸し

材料（16個分）

エビ…7尾（正味100g）
玉ねぎ…1/2個
オリーブ油…大さじ1/2　塩…少々

A
| 豚挽き肉…100g
| 醤油…小さじ1
| ごま油…小さじ1
| おろししょうが（お好みで）…適宜
| おろしにんにく（お好みで）…適宜

もち米…カップ1/2
クコの実、ゴーヤなど（飾りに）…適量

作り方

1　もち米をさっと洗って6時間ほど水に浸け、ザルに揚げて1時間ほど水気を切る。エビは背ワタと殻を取り、塩水で軽く洗って水気を切り、包丁で細かくたたく。玉ねぎをみじん切りにする。

2　予熱をしていない鍋にオリーブ油をひき、塩を振り、玉ねぎを入れ、フタをして弱火にかけ、8〜10分山本式にする。

3　ボウルに2を入れて冷ましてから、A、エビを加えてよく練る。16等分にし、団子にする。

4　3にもち米をまぶして形を整え、蒸し器に並べ、もち米に火が通るまで20分ほど蒸す。

5　クコの実やスライスしたゴーヤを飾る。

食べるときにすること

🌸 解凍　冷蔵室または流水

🗄 蒸し器　十分な解凍後4個100gで5〜8分

📺 電子レンジ　半解凍4個100gで2〜3分

🕐 賞味期限　冷凍で約2週間

エビとアボカドのコンビネーションで味も栄養も抜群！

（山本式 基本）

エビとアボカドのワカモーレ風

材料（4人分）

エビ…12尾(正味180g)

玉ねぎ…1/4個

オリーブ油…大さじ1　塩…少々

塩・こしょう…少々　アボカド…1個

きゅうり…1本　塩…ひとつまみ

甘酢玉ねぎ(p68)…30g

A
｜おろしにんにく…少々
｜オリーブ油…大さじ1
｜甘酢玉ねぎの甘酢…大さじ2

プチトマト(ざく切り)…2個

作り方

1 エビは背ワタと殻を取り、海水くらいの塩水で洗って水気を取る。玉ねぎをせん切りにする。きゅうりは小口切りにし、塩をまんべんなく振り、しばらく置いて水気が出たら軽く絞る。アボカドは半分は薄切りにし、半分は粗くつぶす。レモン汁をかけておく。

2 予熱をしていない鍋にオリーブ油をひき、塩を振り、玉ねぎを入れ、フタをして弱火にかけ、5〜8分山本式にする。

3 エビをのせ、さらに2分ほど山本式を続ける。塩・こしょうをしてエビに火が通ったら、火を止める。

4 3をボウルに移し、粗熱を取る。

5 アボカド(薄切り＆ペースト)、塩もみきゅうり、甘酢玉ねぎ、プチトマト、Aを加え、混ぜ合わせる。

●冷凍するときは、4の状態で冷凍にする。塩もみきゅうり、甘酢玉ねぎ、A、アボカドも別にする。

食べるときにすること

（❄ 解凍）冷蔵室または流水　（🔥 弱火）エビ:十分な解凍後100gで約1分

（📷 電子レンジ）エビ:半解凍100gで約2分　（🕐 賞味期限）冷凍で約2週間

アミノ酸スコア
100の卵と合わせて
満点メニューに変身

（ エビとアボカドのワカモーレ風を使って ）

展開

エビとアボカドのチーズオムレツ

材料（1人分）

エビとアボカドのワカモーレ風…1/4量

モッツァレラチーズ…15g

卵…2個

塩・こしょう…少々

オリーブ油…大さじ2

作り方（できれば、送られた人が調理）

1　エビとアボカドのワカモーレ風を冷蔵室で十分に解凍し、チーズを加える。

2　ボウルに卵、塩・こしょうを入れ、混ぜる。

3　フライパンにオリーブ油をひき、中火にかける。2を流し入れ、固まりかけたら、1を入れて火を通す。フライ返しで具を包み込むように卵を半分にたたむ。

スパイスとヨーグルトで
鮭をいちだんと
食べやすく美味しく

山本式
基本

鮭のタンドリー風

材料(4人分)

鮭切り身…4切れ(400g)

A
- 塩…小さじ1/3
- こしょう…少々
- 醤油…少々
- ヨーグルト…大さじ3
- おろしにんにく…小さじ1/2
- カレー粉…小さじ1/2～1

オリーブ油…大さじ1

塩…ひとつまみ

作り方

1 Aを混ぜ合わせ、鮭切り身にまぶして下味をつける。

2 予熱をしていないフライパンにオリーブ油をひき、塩を振り、鮭は皮目を上にして並べ、フタをして弱火にかけ、4分ほど山本式にする。鮭を返し、さらに4分ほど山本式を続けて火を通す。

食べるときにすること

🌸 解凍　冷蔵室または流水　　🍞 トースター　十分な解凍後1切れで3～4分

📺 電子レンジ　半解凍1切れで2～3分　　🕐 賞味期限　冷凍で約2週間

炒めるストレスから
完全に解放！
炒飯を超えた自信作

展開

〈 鮭のタンドリー風を使って／1 〉

うそつき炒飯

材料(2人分)

鮭のタンドリー風…1切れ(100g)

パプリカ…1/8個

ピーマン…1/4個

オリーブ油…大さじ2

塩…少々

A｜ご飯…250g
　｜オリーブ油…大さじ1
　｜醤油…小さじ1/2

B｜卵…1個
　｜塩・こしょう…少々

塩・こしょう…少々

カレー粉…小さじ1/2

作り方

1　鮭のタンドリー風をほぐす。
　　パプリカとピーマンは1cmの角切りにする。

2　ボウルにAを入れ、混ぜる。

3　予熱をしていないフライパンにオリーブ油(大さじ1)をひき、塩を振り、パプリカ、ピーマンを入れ、フタをして弱火にかけ、1分ほど山本式にする。

4　2に3を加える。

5　空いたフライパンにオリーブ油(大さじ1)をひき、弱火でやや温め、混ぜたBを入れ、スクランブルエッグを作る。

6　4に、5、塩・こしょう、カレー粉、ほぐした鮭を入れ、ご飯がつぶれないように混ぜる。

食べるときにすること

❄ 解凍　なし　　🔥 弱火　冷凍のまま180gで5〜6分炒める

📟 電子レンジ　半解凍180gで3〜4分　　🕐 賞味期限　冷凍で約2週間

味噌の
香ばしさに
思わず笑顔

展開

――〈 鮭のタンドリー風を使って／2 〉――

鮭のチャンチャン焼き

材料(2人分)

鮭のタンドリー風…2枚
塩・こしょう…少々
玉ねぎ…1/2個
キャベツ…1/4個
にんじん…1/4本
オリーブ油…大さじ2
塩…少々

A {
味噌…60g
ハチミツまたは砂糖…大さじ1
酒…大さじ3
粉山椒(あれば)…少々
ごま…大さじ3〜4
}

バター…大さじ1〜2

作り方

1 玉ねぎ、キャベツ、にんじんは食べやすい大きさに切る。

2 予熱をしていないフライパンにオリーブ油をひき、塩を振り、玉ねぎ、キャベツ、にんじんの順に重ね、フタをして弱火にかけ、8分ほど山本式にする。途中、上下を返す。

3 野菜を寄せ、空いたところに鮭を置いて弱火のまま温める。

4 混ぜたAをかけ、バターを加え、1〜2分火を通す。

●送られた人が山本式もやし(3〜5分加熱)を加えるとさらにおいしい。

食べるときにすること

(❀ 解凍) 冷蔵室または流水　　(🔥 弱火) 十分な解凍後200gで4〜5分

(📺 電子レンジ) 半解凍200gで4〜5分　　(🕐 賞味期限) 冷凍で約2週間

「80年生きてきたけれど
こんなイカ、
食べたことない！」と
喜ばれた一品

○山本式
基本

イカのふっくらソテー

材料(2人分)

イカ…1ぱい(正味160g)

塩…小さじ1/3

オリーブ油…大さじ1

塩…ひとつまみ

作り方

1 イカは輪切りにして塩(小さじ1/3)を振り、塩もみする。ぬめりが出たら水洗いして塩気を洗い流し、水気をふき取る。

2 予熱をしていない鍋にオリーブ油をひき、塩(ひとつまみ)を振り、イカを並べ、フタをして弱火にかけ、3〜5分山本式にする。

● イカに火が通ったら、お好みで醤油、ハチミツ、しょうが汁、カレー粉などを加えても美味。

食べるときにすること

（❄ 解凍）冷蔵室または流水　　（🔥 弱火）十分な解凍後100gで30秒〜1分

（🍲 蒸し器）十分な解凍後100gで2〜3分　　（📺 電子レンジ）不可

（🕐 賞味期限）冷凍で約2週間

酒の肴には
タウリン豊富な
イカが最適

基本のおかず

小鉢＆デリ風

ご飯＆汁もの

山本料理教室秘伝

展開

―〈 イカのふっくらソテーを使って／1 〉―

イカのからし酢味噌あえ

材料(2人分)

イカのふっくらソテー…1ぱい
カットわかめ…2g(または塩蔵わかめ10g)
オリーブ油…大さじ1
塩…ひとつまみ

A
白味噌…大さじ2〜3
ハチミツまたは砂糖…大さじ1〜1と1/2
練りからし…小さじ1
酢…大さじ1〜1と1/2

作り方

1 からし酢味噌を作る。鍋にAを入れて弱火にかけ、混ぜながら少しふつふつとしたら火を止める。

2 カットわかめは水で戻す。

3 予熱をしていない鍋にオリーブ油をひき、塩を振り、わかめを入れて、フタをして弱火にかけ、3分ほど山本式にする。

4 ボウルに1、3、イカのふっくらソテーを入れ、あえる。

●冷凍するときはあえないで、からし酢味噌は別にする。

食べるときにすること

（❀ 解凍）冷蔵室または流水　（♨ 温め）なし　（🔲 電子レンジ）不可

（🕐 賞味期限）冷凍で約2週間

62

これぞイカ！の美味しさ。
やわらかいから
お年寄りから
子どもまで

展開

（ イカのふっくらソテーを使って／2 ）

イカの照り焼き

材料（2人分）

イカのふっくらソテー…1ぱい

A | 醤油…大さじ2〜3
みりん…大さじ2〜3
砂糖…小さじ1〜大さじ1

作り方

1　Aを鍋に入れて弱火で煮詰める。
2　イカのふっくらソテーを加えて、たれをからませる。

食べるときにすること

🌸 解凍　冷蔵室または流水　　🔥 弱火　十分な解凍後100gで30秒〜1分

🍱 蒸し器　十分な解凍後100gで2〜3分　　📺 電子レンジ　不可

🕐 賞味期限　冷凍で約2週間

63

たっぷりのキャベツと
合わせてヘルシーに。
ランチにぜひ！

展開

(イカの照り焼きを使って)

イカの焼きそば

材料(2人分)

イカの照り焼き(p63)…1/2量
キャベツ…200g
にんじん…長さ3cm
オリーブ油…大さじ1
塩…ひとつまみ
もやし…1/3袋(70g)
焼きそば麺…1人分
焼きそばに添付の調味料…1人分
青のり…適量

作り方

1 キャベツは幅5mmに切る。
  にんじんはせん切りにする。
2 予熱をしていない鍋にオリーブ油をひき、
  塩を振り、キャベツ、にんじんの順に重
  ね、フタをして弱火にかけ、6〜8分山本
  式にする。
3 焼きそば麺、もやしを重ね、さらに2〜3
  分ほど山本式を続ける。
4 焼きそばの調味料を加えて混ぜ、イカの
  照り焼きを加えて仕上げる。
5 食べるときに青のりをかける。

食べるときにすること

❈ 解凍 冷蔵室または流水 　 ♨ 弱火 十分な解凍後250gで4〜5分

▣ 電子レンジ 不可 　 ⏱ 賞味期限 冷凍で約2週間

作り置きの定番おかず。
山本式なら
ふっくらほくほくに

○ 山本式
基本

大豆とひじきの煮物

材料（作りやすい分量）

大豆水煮缶または蒸し大豆…1缶(140g)

乾燥ひじき…20g

オリーブ油…大さじ1

塩…ひとつまみ

油揚げ…1枚(10g)

一番だし（p101）…カップ1/2

醤油…大さじ1〜2

みりんまたはハチミツやメープルシロップ
　　…大さじ1〜2

作り方

1　乾燥ひじきは水で戻す。
　　油揚げは湯通しして細く切る。

2　予熱をしていない鍋にオリーブ油をひき、
　　塩を振り、ひじき、大豆の順に重ね、フタ
　　をして弱火にかけ、10〜15分山本式に
　　する。

3　油揚げ、だし汁を加え、フタを外したまま
　　弱火で5分ほど煮る。醤油、みりんを加
　　え、さらに5〜10分ほど煮る。

食べるときにすること

（❋ 解凍）冷蔵室または流水　　（♨ 弱火）十分な解凍後50gで1〜2分、温めなくてもよい

（▣ 電子レンジ）不可　　（🕐 賞味期限）冷凍で約2週間

手作りならではの
豊かな味わい。
頑張って揚げて！

展開

（ 大豆とひじきの煮物を使って／1 ）

ふわふわ手作りがんも

材料（12個分）

大豆とひじきの煮物…70〜80g

木綿豆腐…1丁(250g)

A
おろししょうが…小さじ1/2
おろし山芋…大さじ1
溶き卵…大さじ2
片栗粉…大さじ2

揚げ油…適量

おろし大根…適量

小ねぎ(小口切り)…適量

作り方

1 木綿豆腐は冷蔵室で8時間ほど水切りし、裏ごしするかフードプロセッサーで細かくする。

2 ボウルに1、大豆とひじきの煮物、Aを入れ、混ぜ合わせる。

3 2を12等分にし、手に油を塗って形を整え、160℃の油で4〜5分揚げる。

4 食べるときに、おろし大根、小ねぎをあしらう。

●味噌汁に入れても美味。

食べるときにすること

(❄ 解凍) 冷蔵室または流水　(🍞 トースター) 十分な解凍後3〜4分

(🍲 蒸し器) 十分な解凍後3〜4分　(📟 電子レンジ) 不可

(🕐 賞味期限) 冷凍で約2週間

和風の優しい味。
大豆とひじきの煮物が
メイン料理に

展開

———「大豆とひじきの煮物」を使って／2———

スコップコロッケ

材料(4人分)

大豆とひじきの煮物…100g
合挽き肉…50g
じゃが芋…2個
玉ねぎ…1/4個
オリーブ油…小さじ1
塩…ひとつまみ
醤油…小さじ1/2
みりん…小さじ1/2
生パン粉…カップ3/4
オリーブ油…大さじ3

作り方

1 玉ねぎはみじん切りにする。じゃが芋は
　ゆでて裏ごし、またはつぶす。

作り方

2 予熱をしていない鍋にオリーブ油(小さじ
　1)をひき、塩を振り、玉ねぎを入れ、フタを
　して弱火にかけ、8分ほど山本式にする。

3 合挽き肉を加えて混ぜ、火を通す。醤油、
　みりん、大豆とひじきの煮物を加えて、
　さっと混ぜ合わせる。

4 ボウルに3、つぶしたじゃが芋を入れて
　混ぜ合わせ、4つに分ける。小判形に形
　を整え、アルミホイルで包む。

5 フライパンにパン粉とオリーブ油(大さじ3)
　を入れて炒め、4の上にのせる。

　●焼き目をつけたい場合は、5のあとにオーブントー
　　スターで2〜3分焼く。

食べるときにすること

(❀ 解凍) 冷蔵室　(🍞 トースター) 十分な解凍後4〜5分　(📺 電子レンジ) 不可

(🕐 賞味期限) 冷凍で約2週間

67

ちょっとした心遣い
一緒に送ると便利で喜ばれる冷凍もの

薬味

①ぽん酢 ②おろししょうが ③刻み大葉 ④レモンスライス ⑤アボカドスライス ⑥焼きなす ⑦小ねぎ

薬味があると料理はいちだんと味がよくなりますが、使い切れないことが多く、購入をためらうこともしばしば。でも、送る相手がいれば、美味しさも分け合って使い切ることができ、一石二鳥です。変色しやすいアボカドスライスや1本焼くと余りがちな焼きなすなども冷凍して送れば、野菜不足を解消できて喜ばれます。また、ぽん酢やドレッシングなどつい買い忘れしやすいものも送ってもらうとうれしいものです。写真以外にも、食パン、水で戻して切ったわかめ、漬物、おろし大根、おろし山芋などがおすすめです。

バター

バターも冷凍できます。一般に出回っている200g箱入りのバターは少人数の家庭では使い切れなかったり、冷蔵庫から出したては固くて、いざ使うときに切り出すのがおっくうになりがちですが、購入後、すぐに使いやすい大きさに切ってラップで包んでおき、シェアすればストレスフリーでいっそうバターを使いこなせること間違いなし！です。

甘酢きゅうり・甘酢玉ねぎの作り方

甘酢きゅうり
1 きゅうりを薄く輪切りにして、きゅうり重量の1％の塩をして混ぜる。
2 15分ほどおいてきゅうりから水気が出たら、軽く絞り、甘酢（米酢とハチミツまたはきび糖を同量混ぜたもの）とともに袋に入れ、平らにならして冷凍する。

甘酢玉ねぎ
1 玉ねぎは1分ほど山本式にする。
2 好みによって加熱時間を長くしてもよい。粗熱を取り、甘酢とともに袋に入れ、平らにならして冷凍する。

02

山本式で小鉢ものや
デリ風のおかずも
自由自在

箸休めになるちょっとした
小鉢があるだけで
食卓はいちだんと豊かになります。
不足しがちな野菜もここで補えます。
煮物や佃煮のような
定番の作り置きのおかずのほか
マリネやキッシュなどの
デリ風なおかずは
見た目にも楽しい食卓を
演出してくれるでしょう。

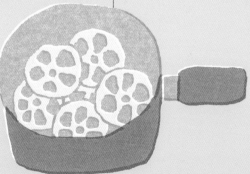

ご飯との相性は
もちろん、
うどんやそばの具にも

牛こまの煮物

材料(2〜3人分)

牛こま肉…100g
にんじん…1/2本
新ごぼう…1本
オリーブ油…大さじ1
塩…少々
二番だし(p101)…カップ1
醤油…大さじ1〜2
みりん…大さじ1〜2
しょうが(せん切り)…適宜

作り方

1 にんじん、新ごぼうは乱切りにする。
2 予熱をしていない鍋にオリーブ油をひき、塩を振り、新ごぼう、にんじんの順に重ねて、フタをして弱火にかけ、10〜12分山本式にする。
3 二番だしを加え、フタを外したまま弱火で5分ほど煮る。醤油、みりんを加え、さらに5分ほど煮る。
4 鍋の野菜を寄せてスペースを空け、そこに牛こま肉を入れ、3分ほど煮る。肉をほぐして、さらに2分ほど煮る。
5 食べるときにしょうがをあしらう。

食べるときにすること

🌸 解凍 冷蔵室または流水　　♨ 弱火 十分な解凍後80gで2〜3分

📺 電子レンジ 半解凍80gで2〜3分　　🕐 賞味期限 冷凍で約2週間

体が芯から温まる
白ねぎが
美味しい季節に

あさりと白ねぎの蒸し煮

材料（2人分）

砂抜きしたあさり…12粒(120g)

白ねぎ…1本(100g)

オリーブ油…大さじ1/2

塩…ひとつまみ

酒…大さじ1

作り方

1 白ねぎを長めに切る。

2 予熱をしていない鍋にオリーブ油をひき、塩を振り、白ねぎを入れ、フタをして弱火にかけ、7〜8分山本式にする。

3 白ねぎに火が通ったら、あさりを加えて酒を振り、あさりの殻が開くまでさらに2〜4分山本式を続ける。

4 あさりの粗熱が取れたら殻を取り、白ねぎとともに盛り付ける。

5 食べるときに、白ねぎの青い部分の小口切りをあしらう。

食べるときにすること

🌸 解凍 冷蔵室または流水 　　🔥 弱火 十分な解凍後80gで1〜2分

🍱 蒸し器 十分な解凍後80gで2〜3分 　　📺 電子レンジ 半冷凍80gで1分30秒〜2分

🕐 賞味期限 冷凍で約2週間

71

豪華だけど簡単！
白ねぎのない季節は
ごぼうやにんじんでもOK

白ねぎの八幡巻

材料(4人分)

牛肉薄切り…400g

白ねぎ…2本

オリーブ油…大さじ2

塩…適量

A 醤油…大さじ1
メープルシロップ…大さじ1

作り方

1 白ねぎは長さ6〜8cmに切る。

2 予熱をしていない鍋にオリーブ油(大さじ1)をひき、塩(少々)を振り、白ねぎを入れ、フタをして弱火にかけ、5〜8分山本式にする。

3 白ねぎが冷めたら、牛肉で巻く。

4 予熱をしていないフライパンにオリーブ油(大さじ1)をひき、塩(少々)を振り、3を並べ、フタをして弱火にかけ、3分ほど山本式にする。上下を返してさらに3分ほど山本式を続ける。

5 Aを加えて、フタを外したまま弱火で5分ほど煮からめる。

食べるときにすること

| 解凍 | 冷蔵室または流水 | 弱火 | 十分な解凍後100gで2〜3分 |
| 電子レンジ | 半解凍100gで2〜3分 | 賞味期限 | 冷凍で約2週間 |

ピリリとした
麻婆味は
食欲がないときの
強い味方

麻婆大根

材料(2〜3人分)

大根…200g
オリーブ油…大さじ1
塩…少々

A
┌ 豚挽き肉…100g
│ ごま油…小さじ1
│ 醤油…大さじ1
└ みりん…大さじ1

豆板醤…小さじ1〜2
水溶き葛
┌ 葛粉…大さじ1/2
└ 水…大さじ3〜4
小ねぎ(小口切り)…適量

作り方

1 Aを混ぜ合わせる。
   大根は薄く短冊またはいちょうに切る。
2 予熱をしていないフライパンにオリーブ
   油をひき、塩を振り、大根を入れ、フタを
   して弱火にかけ、5〜8分山本式にする。
3 Aを加えて火を通し、豆板醤、水溶き葛
   を加えてとろみをつける。
4 食べるときに小ねぎをあしらう。

食べるときにすること

🔆 解凍　冷蔵室または流水　　🔥 弱火　十分な解凍後100gで2〜3分

📺 電子レンジ　半解凍100gで2〜3分　　🕐 賞味期限　冷凍で約2週間

ゴーヤの苦みが
体のほてりを冷ます。
大人の味、酒の肴にも

ゴーヤの佃煮

材料（作りやすい分量）

ゴーヤ…1本
オリーブ油…大さじ1
塩…少々
A 醤油…大さじ2
　 黒砂糖…大さじ2
　 酢…大さじ2
炒りごま…大さじ2
かつお節…大さじ2

作り方

1 ゴーヤは縦半分に切り、ワタを残し、種を除いて薄く切る。
2 予熱をしていない鍋にオリーブ油をひき、塩を振り、ゴーヤを入れ、フタをして弱火にかけ、5分ほど山本式にする。
3 Aを加え、煮汁がほぼなくなるまで煮詰める。仕上げに炒りごま、かつお節を加える。

食べるときにすること

解凍 冷蔵室または流水　　温め なし　　賞味期限 冷凍で約2週間

74

野菜炒めや玉子焼き、
肉や魚のソテーに
ちょい足しがおすすめ

きのこの佃煮

材料（作りやすい分量）

きのこ（えのき、しめじ、しいたけなど）
　…合わせて200g
オリーブ油…大さじ1
塩…ひとつまみ
醤油…小さじ2
きび糖またはメープルシロップ…小さじ2

作り方

1　きのこは石づきを取り、小房に分ける、
　　または切る。
2　予熱をしていない鍋にオリーブ油をひき、
　　塩を振り、きのこを入れ、フタをして弱火
　　にかけ、5分ほど山本式にする。
3　醤油、きび糖を加え、フタを外したまま
　　弱火で3分ほど煮て味をなじませる。

食べるときにすること

❀ 解凍 冷蔵室または流水　　♨ 温め なし　　🕐 賞味期限 冷凍で約2週間

毎日の食物繊維の
補給に最高のひと皿。
山本式わかめはやわらかく、
味がよくなじむ

きのことわかめのからし醤油あえ

材料（3～4人分）

きのこ（えのき、しめじ、しいたけなど）
　…合わせて200g
オリーブ油…大さじ1
塩…ひとつまみ
カットわかめ…3g（または塩蔵わかめ20g）

A
　醤油…大さじ2
　ハチミツまたはメープルシロップ…大さじ2
　豆板醤（お好みで）…適宜
　塩…少々　ごま…適量
　ごま油…大さじ1

作り方

1 カットわかめは水で戻す。きのこは石づ
　きを取り、小房に分ける、または切る。
2 予熱をしていない鍋にオリーブ油をひき、
　塩を振り、きのこを入れ、フタをして弱火
　にかけ、3分ほど山本式にする。わかめ
　を加えて、2分ほど山本式を続ける。
3 ボウルにAを入れて混ぜ合わせ、2を入
　れてあえる。

●Aの合わせ調味料をかけておくと色が変わるため、
冷凍するときは別々にする。

食べるときにすること

❄解凍）冷蔵室または流水　🔥温め）なし　🕐賞味期限）冷凍で約2週間

76

弾力あるエリンギと
やわらかジューシーななす。
食感のコントラストが楽しい

エリンギとなすの甘味噌炒め

材料（2～3人分）

なす…1本
エリンギ…1本
オリーブ油…大さじ2
塩…少々
醤油…小さじ1/2
みりん…大さじ1
味噌…小さじ1/2～1

作り方

1　なすは拍子木に切る。
　　エリンギは斜めに切る、または細く裂く。
2　予熱をしていない鍋にオリーブ油をひき、塩を振り、なす、エリンギの順に重ね、フタをして弱火にかけ、8～12分山本式にする。
3　材料に火が通ったら、醤油、みりん、味噌の順に加えてひと混ぜし、味をなじませる。

食べるときにすること

🌸 **解凍** 冷蔵室または流水　　🔥 **弱火** 十分な解凍後100gで2～3分

📺 **電子レンジ** 半解凍100gで2～3分　　🕐 **賞味期限** 冷凍で約2週間

ポン酢であっさり、わさび醤油でも美味。汁ものや麺類の具にしても

ねばねばあえ

材料（3〜4人分）

長芋…10cm

オクラ…8本

なめこ…1袋

オリーブ油…大さじ1

塩…少々

A ┃ ぽん酢…大さじ1（1人につき）
　┃ 柚子こしょう（お好みで）…適宜

かつお節…3g

作り方

1　長芋は1cm角に切る。オクラは幅5mmに切る。なめこはさっと洗う。

2　予熱をしていない鍋にオリーブ油をひき、塩を振り、長芋、オクラの順に重ね、フタをして弱火にかけ、5〜8分山本式にする。なめこを重ねてさらに1分ほど山本式を続ける。

3　ボウルに2、A、かつお節を入れ、混ぜ合わせる。

●冷凍するときは、合わせておくとオクラが変色するので、具とぽん酢は別にする。

食べるときにすること

❀ 解凍 冷蔵室または流水　　◇ 温め なし　　🕐 賞味期限 冷凍で約2週間

カルシウム、食物繊維、
ビタミンDが豊富な定番。
生活習慣病予防に

卯の花の炒り煮

材料（作りやすい分量）

新ごぼう…1/3本
にんじん…1/3本
干ししいたけ…2枚
おから…カップ2
オリーブ油…大さじ1
塩…ひとつまみ
一番だし（p101）…カップ3/4
醤油…大さじ1〜2
ハチミツまたは砂糖…大さじ1/2

作り方

1　新ごぼうは皮付きのまま、ささがきにする。にんじんはせん切りにする。干ししいたけは水で戻して、細かく切る。

2　予熱をしていない鍋にオリーブ油をひき、塩を振り、新ごぼう、戻したしいたけ、にんじんの順に重ね、フタをして弱火にかけ、8〜10分山本式にする。野菜にほぼ火が通ったら、おからを加え、さらに2分ほど山本式を続ける。

3　一番だしを加え、フタを外したまま弱火で5〜8分煮る。醤油、ハチミツを加え、3分ほど煮る。

食べるときにすること

🌸 解凍 冷蔵室または流水　🔥 弱火 フタをしないで混ぜながら約1分温める

🕐 賞味期限 冷凍で約2週間

山本式で切り干し大根の
栄養を最大限生かし
吸収しやすく

切り干し大根のはりはり漬

材料(作りやすい分量)

切り干し大根…50g
オリーブ油…大さじ1
塩…ひとつまみ

A
米酢…大さじ2
ハチミツまたはメープルシロップ…大さじ2
醤油…大さじ2

作り方

1 切り干し大根は水洗いして3〜8分浸水
し、ザルに揚げて軽く絞り、食べやすい
長さに切る。

2 予熱をしていない鍋にオリーブ油をひき、
切り干し大根を入れ、フタをして弱火に
かけ、3〜5分山本式にする。

3 Aを混ぜて漬け汁を作り、2の切り干し
大根が温かいうちに漬け込む。

食べるときにすること

⁂ 解凍 冷蔵室または流水　　⬙ 温め なし

🕐 賞味期限 冷凍で約1か月、冷蔵で約1週間

酢を加えるので
臭みがなく、
さっぱりとした
味わいの煮魚

あじの中華風煮つけ

材料(4尾分)

あじ(下処理済のもの)…4尾(1尾につき150g)

オリーブ油…大さじ1

塩…少々

A ┃ 酢…カップ1/3
  ┃ 醤油…カップ1/3
  ┃ 砂糖…カップ1/3

水…300ml

しょうが(せん切り)…適量

作り方

1 あじは、両面に2か所ずつ切り目を入れる。

2 予熱をしていない鍋にオリーブ油をひき、塩を振り、あじを並べ、フタをして弱火にかけ、3〜5分山本式にする。

3 A、分量の水、しょうがを加え、落としブタをして中火にする。

4 沸騰したら弱火にし、煮汁が最初の2/3程度になるまで煮る。

食べるときにすること

❀ 解凍 冷蔵室または流水 🔥 弱火 十分な解凍後150gで4〜5分

📟 電子レンジ 十分な解凍後150gで1分〜1分30秒 🕐 賞味期限 冷凍で約2週間

あまりにも美味しくできたので"美噌煮"と名づけました

さばの美噌煮

材料(2〜3人分)

さば三枚おろし…1尾分（正味400g）
オリーブ油…大さじ1　塩…少々
醤油…大さじ1〜2
ハチミツまたはメープルシロップ…大さじ1〜2
水…カップ1
しょうが…1かけ
味噌…小さじ1〜3
水溶き葛（お好みで）
　葛粉…小さじ1
　水…大さじ1

作り方

1 さばは片身を2〜3切れに切る。
　しょうがはせん切りにする。

2 予熱をしていない鍋にオリーブ油をひき、塩を振り、さばを並べ、フタをして弱火にかけ、5〜8分山本式にする。

3 醤油、ハチミツ、分量の水の順に加え、5分ほど煮る。

4 しょうが、味噌を加えて味を調える。お好みで水溶き葛を加えて、とろみをつける。

食べるときにすること

| 解凍 | 冷蔵室または流水 | 弱火 | 十分な解凍後100gで2〜3分 |
| 電子レンジ | 半解凍100gで2〜3分 | 賞味期限 | 冷凍で約2週間 |

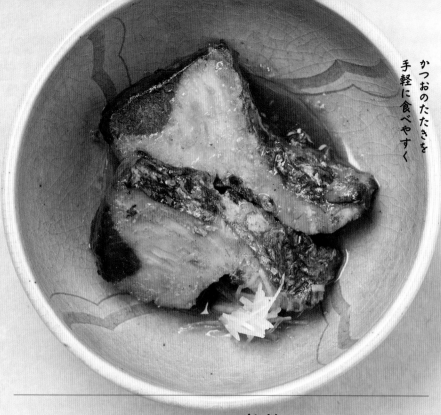

かつおのたたきを手軽に食べやすく

かつおの煮物

材料（作りやすい量）

かつおたたき…300g

オリーブ油…大さじ1

塩…少々

しょうが…適量

A
| 水…カップ1 |
| 醤油…50ml |
| ハチミツ…大さじ2 |
| 酒…大さじ2 |

作り方

1 かつおのたたきは厚さ1cmに切る。しょうがはせん切りにする。

2 予熱をしていない鍋にオリーブ油をひき、塩を振り、かつおを並べ、フタをして弱火にかけ、3〜5分山本式にする。

3 A、しょうがを加え、フタを外したまま弱火で20分ほど煮る。

食べるときにすること

❄ 解凍　冷蔵室または流水

📺 電子レンジ　半解凍80gで1分30秒〜2分

🔥 弱火　十分な解凍後80gで1分30秒〜2分

🕐 賞味期限　冷凍で約2週間

彩り豊かで
栄養満点の豆を
レーズンの甘みで
美味しく

豆のマリネ

材料（作りやすい分量）

ミックスビーンズ、レーズンなど…400g

オリーブ油…大さじ2　塩…少々

A |
| EXVオリーブ油…大さじ3
| ハチミツ…小さじ1
| 白バルサミコ酢…大さじ2
| （または白ワイン酢やりんご酢や柑橘のしぼり汁…大さじ1）
| 塩…小さじ1/3　こしょう…少々
| 粒マスタード（お好みで）…小さじ1

作り方

1 予熱をしていない鍋にオリーブ油をひき、塩を振り、ミックスビーンズ、レーズンの順に重ね、フタをして弱火にかけ、5分ほど山本式にする。

2 ボウルにAを入れ、混ぜ合わせてマリネ液を作り、1が温かいうちに漬け込む。

食べるときにすること

（❋ 解凍）冷蔵室または流水　　（🔥 温め）なし

（🕐 賞味期限）冷凍で約1か月、冷蔵で約1週間

シャキシャキ歯触りが
たまらない。
粒マスタードが
奥行きを深める

れんこんのソテーバルサミコ風味

材料（作りやすい分量）

れんこん…1節
おろしにんにく…小さじ1/4
オリーブ油…大さじ2
塩…ひとつまみ

A
　バルサミコ酢…大さじ1
　醤油…大さじ1
　ハチミツ…大さじ1
　粒マスタード…小さじ1

ピンクペッパー、パセリ（みじん切り）（お好みで）
　…適宜

作り方

1　れんこんは縦半分に切り、薄く切る。
2　予熱をしていない鍋にオリーブ油をひき、塩を振り、れんこん、おろしにんにくを入れ、フタをして弱火にかけ、8分ほど山本式にする。
3　Aを加え、フタを外したまま弱火で2分ほどからませる。
4　食べるときにお好みで、ピンクペッパー、パセリなどをあしらう。

食べるときにすること

（❄ 解凍）冷蔵室または流水　　（🔥 温め）なし

（📺 電子レンジ）お好みで、冷凍のまま80gで30秒〜1分　　（🕐 賞味期限）冷凍で約2週間

濃厚で
コクのある味わい。
パスタや
オムレツに添えて

食べるときにすること

❋ 解凍　冷蔵室または流水　　🔥 弱火　十分な解凍後200gで4〜5分

カポナータ

材料(3〜4人分)

なす…1本
ズッキーニ…1/2本
パプリカ…1個
ピーマン…2個
オリーブ油…大さじ4〜5
塩…小さじ1/2
玉ねぎ…1個
セロリ…1/4本

塩…ひとつまみ

A
にんにく…2かけ
オリーブ油…大さじ1
ホールトマト缶…カップ2
ローリエ…2〜3枚

レーズン…大さじ2
白バルサミコ酢…大さじ1
塩・こしょう…少々

作り方

1 にんにく以外の野菜は食べやすい大きさに切る。にんにくは薄く切る。　※なすは水に浸けない。

2 鍋にAを入れ、フタを外したまま弱火で、2/3量まで煮詰める。

3 予熱をしていない鍋にオリーブ油(大さじ4〜5)をひき、塩(小さじ1/2)を振り、なす、ズッキーニ、パプリカ、ピーマンの順に重ね、フタをして弱火にかけ、5〜8分山本式にする。鍋から野菜を取り出す。

4 鍋の粗熱が取れたら、残っている油(大さじ2程度。なければ油を足す)に塩(ひとつまみ)を振り、玉ねぎ、セロリの順に重ね、フタをして弱火にかけ、5〜8分山本式にする。3の取り出した野菜をのせ、さらに2分ほど山本式を続ける。

5 2、レーズン、白バルサミコ酢を加え、フタを外したまま弱火で8〜10分煮る。塩・こしょうで味を調える。

電子レンジ　半解凍200gで4〜5分　　賞味期限　冷凍で約2週間

揚げないから簡単
ぷりっぷりの
エビがたっぷり

エビのフライ風

材料（3〜4人分）

エビ…12尾（正味180g）

こしょう…適量

オリーブ油…大さじ1

塩…ひとつまみ

マヨネーズ…大さじ2

生パン粉…カップ3/4

オリーブ油…大さじ3

作り方

1 エビは背ワタと殻を取り、塩水で軽く洗っ
　て水気を切り、こしょうをひと振りする。

2 予熱をしていない鍋にオリーブ油をひき、
　塩を振り、エビを並べ、フタをして弱火に
　かけ、3〜4分山本式にする。途中で上
　下を返す。

3 フライパンに生パン粉とオリーブ油を入
　れて軽く色づくまで弱火で炒める。

4 アルミホイルの上に2のエビを並べる。
　エビ1尾につきマヨネーズ（小さじ1/2）を塗
　り、3をのせる。

5 オーブントースターで5分ほど焼く。

●冷凍するときは、4の状態でアルミホイルで包む。

食べるときにすること

🌸 解凍 冷蔵室　　📠 トースター 十分な解凍後5〜7分　　🔲 電子レンジ 不可

🕐 賞味期限 冷凍で約2週間

ほっくほくの
かぼちゃで幸せ。
カルシウムもカロテンも
たんぱく質も十分

かぼちゃとベーコンのチーズ焼き

材料（2～3人分）

かぼちゃ…1/8個
オリーブ油…大さじ1
塩…ひとつまみ
ブロックベーコン…80g
塩・こしょう…少々　チーズ…20～30g

作り方

1 かぼちゃ、ブロックベーコンは厚さ5mm
　に切る。
　※かぼちゃが硬くて切りにくい場合、電子レンジや蒸
　し器にかけて少しやわらかくすると切りやすい。

2 予熱をしていない鍋にオリーブ油をひき、
　塩を振り、かぼちゃを並べ、フタをして弱
　火にかけ、8分ほど山本式にする。途中
　で、上下を返し、ベーコンを並べて焼く。

3 アルミホイルの上に、2、チーズをのせる。

4 オーブントースターで5分ほど、チーズが
　溶けるまで焼く。

●冷凍するときは、3の状態でアルミホイルで包む。

食べるときにすること

🌼解凍 冷蔵室　　🍞トースター 十分な解凍後5～7分　　📺電子レンジ 不可

🕐賞味期限 冷凍で約2週間

パイ生地作りなし。生クリームも使わないのに味は本格的

なんちゃってキッシュ

材料（厚切り4枚分）

玉ねぎ…1/2個
しめじまたはエリンギ…1パック
ベーコン…4〜5枚
オリーブ油…大さじ1
塩…ひとつまみ
塩・こしょう…少々
A｜クリームチーズ…100g
　｜卵…1個
　｜塩・こしょう…少々
食パン(4枚切り)…4枚
溶けないスライスチーズ…4枚

作り方

1　玉ねぎはせん切りにする。しめじは石づきを取って小房に分ける(エリンギの場合は細く割る)。ベーコンは細く切る。

2　予熱をしていない鍋にオリーブ油をひき、塩を振り、玉ねぎ、しめじの順に重ね、フタをして弱火にかけ、8分ほど山本式にする。ベーコンを重ね、2分ほど山本式を続ける。塩・こしょうで味を調える。

3　食パンは、具が入るように底部分と耳が残るようにくり抜き、トースターで1分ほど焼く。冷まして底の部分にスライスチーズをのせる。
※くり抜いたパンは生パン粉などに利用。

4　3の上に、2、混ぜたAをのせて、7〜10分オーブントースターで焼く。
●冷凍するときは、焼き上げたあと、冷めてからアルミホイルに包む

食べるときにすること

解凍)冷蔵室　　トースター)十分な解凍後アルミホイルを外して6〜10分

電子レンジ)不可　　賞味期限)冷凍で約2週間

覚えておくと便利！ ソース&甘酢あん

カレーソース

材料（約500g）

玉ねぎ…1個

オリーブ油…大さじ1

塩…少々

おろしにんにく…大さじ1/2

唐辛子…1本　小麦粉…大さじ4

カレー粉…大さじ2〜3

A | ケチャップ…大さじ1強
チャツネ…大さじ1/2
スープストック（p103）または液体タイプの
濃縮鶏ガラスープ…カップ2

作り方

1　玉ねぎはみじん切りにする。

2　予熱をしていない鍋にオリーブ油をひき、塩を振り、玉ねぎを入れ、フタをして弱火にかけ、8分ほど山本式にする。

3　おろしにんにく、唐辛子（切らずに）を加えて、さらに2分ほど山本式を続ける。

4　カレー粉、小麦粉を加えて、ゆっくりと混ぜて火を通す。Aを加え、味を調える。

●このような料理におすすめ！
牛こまのさっと焼き（p20）、豚ひれのふっくらソテー（p26）、鶏もものにんにく醤油焼き（p35）、鶏レバーのバルサミコソテー（p41）、ミートボール（p48）、鮭のタンドリー風（p58）、イカのふっくらソテー（p61）、ふわふわ手作りがんも（p66）など

使用するとき

🌸 解凍）冷蔵室または流水　　🔥 弱火）十分な解凍後沸騰するまで温める

📺 電子レンジ）半解凍100gで約2〜3分　　🕐 賞味期限）冷凍で約2週間

スイートチリソース

材料(約50g)

みじん切りのさらし玉ねぎ…小さじ1

プチトマト(みじん切り)…1/2個

米酢…大さじ1

ハチミツまたは砂糖…大さじ2

塩…少々

刻み唐辛子(お好みで)…適宜

タバスコ…10滴程度

作り方

1 すべての材料を混ぜ合わせる。

●このような料理におすすめ!
豚ひれのふっくらソテー(p26)、鶏もものにんにく
醤油焼き(p35)、焼きなんばん(p37)、イカのふっ
くらソテー(p61)、エビのフライ風(p88)、ねばね
ばあえ(p78)など

バルサミコソース

材料(約30g)

醤油…大さじ1

ハチミツ…大さじ1/2

わさび…小さじ1

バルサミコ酢…小さじ1

作り方

1 すべての材料を合わせて弱火にかけ、
ひと煮立ちさせる。

●このような料理におすすめ!
牛こまのさっと焼き(p20)、豚ひれのふっくらソテー
(p26)、鶏もものにんにく醤油焼き(p35)、イカの
ふっくらソテー(p61)、エビのフライ風(p88)など。
そのほか、たたきや刺身に最高に合います!

使用するとき

❋ 解凍 冷蔵室または流水　　🔥 温め なし

🔲 電子レンジ 不要　　🕐 賞味期限 冷凍で約1か月

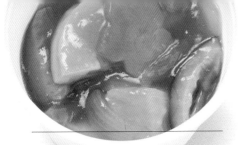

野菜入り 醤油甘酢あん

材料（約300g）

玉ねぎ…1/2個　にんじん…1/3本

ゆでたけのこ…50g　干ししいたけ…2枚

オリーブ油…大さじ1　塩…ひとつまみ

A
| 米酢…大さじ3
| ハチミツまたは砂糖…大さじ3
| 醤油…大さじ1　水…大さじ3
| 片栗粉…大さじ1/2

作り方

1 野菜は食べやすい大きさに切る。干ししいたけは水で戻し、幅1cmに切る。

2 予熱をしていない鍋にオリーブ油をひき、塩を振り、玉ねぎ、ゆでたけのこ、にんじん、戻したしいたけの順に重ね、フタをして弱火にかけ、8分ほど山本式にする。

3 Aを加えて火を強める。焦げないように混ぜ、とろみをつける。

●このような料理におすすめ！
豚ひれのふっくらソテー（p26）、鶏もものにんにく醤油焼き（p35）、焼きなんばん（p37）、イカのふっくらソテー（p61）、ふわふわ手作りがんも（p66）など

トマトソース

材料（約550g）

玉ねぎ…1個

オリーブ油…大さじ1　塩…少々

A
| ホールトマト缶…カップ2（400g）
| おろしにんにく…大さじ1
| ローリエ…1枚

メープルシロップ…大さじ1

塩・こしょう…少々

作り方

1 玉ねぎはみじん切りにする。

2 予熱をしていない鍋にオリーブ油をひき、塩を振り、玉ねぎを入れ、フタをして弱火にかけ、8分ほど山本式にする。

3 別の鍋にAを入れて、2/3量まで煮詰める。2を加えてやや煮詰め、メープルシロップを入れ、塩・こしょうで味を調える。

●冷凍にするときは、ローリエを取り除く。
●このような料理におすすめ！
豚ひれのふっくらソテー（p26）、鶏もものにんにく醤油焼き（p35）、鶏レバーのバルサミコソテー（p41）、ミートボール（p48）、イカのふっくらソテー（p61）、エビのフライ風（p88）など

使用するとき

| ❄ 解凍 | 冷蔵室または流水 | 🔥 弱火 | 十分な解凍後100gで約2分 |
| 🔲 電子レンジ | 半解凍100gで2～3分 | 🕐 賞味期限 | 冷凍で約2週間 |

山本式で使用する調味料

ハチミツ、
メープルシロップが
不向きな料理に

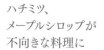

⬇ サトウキビから作られた上白糖とグラニュー糖を原料に、精製段階で失われたミネラル分を補給するために微量の天然塩とカルシウムが加えられた、すっきりとした味わいの砂糖。波動法製造「極楽糖」

まろやかでうまみが
詰まった麦みそ

⬆ チョーコー
「長崎麦みそ」(500g)

丹念に
熟成させた醤油

⬇ チョーコー
「超特選むらさき」(1L)

山本式の命
オリーブ油には
こだわって

⬆ 年に一度、受注分のみ生産されるコラヴィータ「ノヴェッロ　エキストラヴァージンオリーブオイル」

料理の
とろみづけには
葛粉が最適

⬇ 大村屋「吉野葛」(100g)

オリーブオイルの
香りや味が
苦手な人に

⬇ クセのないピュアオリーブオイル。和食に使いやすく、お値段もお手頃。

オールマイティに
活躍する塩はこれ!

⬆ 天塩
「赤穂の天塩」(1kg)

酢飯や酢の物の味方
かけるだけで
美味になる調味酢

⬆ 山本千代子が考案した合わせ酢
「蔵出し一本酢」(500ml)

蒸し器のおすすめ

⬆ エムエフジー
株式会社
「不思議な蒸気鍋」

冷凍や冷蔵のおかずを美味しく再加熱するには、電子レンジよりも蒸し器がおすすめ! レンジより時間はかかりますが、ふっくらとした仕上がりで、本来の美味しさが蘇ります。中でも、このドライスチーム鍋は特許を取得した特殊構造により、蒸気が直接食材に当たらずに、鍋の中を循環するため、べたつかずスピーディに美味しく再加熱することができます。もちろん、おこわや茶碗蒸しなど、蒸し料理に、おでんや豚の角煮、黒豆などの煮物作りに大活躍です。

03

ご飯もの、汁ものも
目からうろこの
山本式で！

山本式弱火調理法なら、
ご飯ものも目からうろこ！のできあがり。
素材の味がお米に染み込み、
ふくよかな味と香りのご飯が炊けます。
そして、意外に喜ばれるのが、汁もの。
具だくさんのスープや味噌汁は
心をじんわりと包み温め、
体に栄養をたっぷり補給してくれます。

蒸し器がなくても
鍋で炊ける!
ポップで優しい味の
洋風おこわ

コーンたっぷりバターおこわ

材料(4〜5人分)

もち米…カップ2
ゆでたけのこ…50g
コーン(缶詰・冷凍)…50〜70g
にんじん…1/3本(50g)
ロースハムブロック…50g
グリーンピースまたは枝豆…50g
バター…大さじ2〜3
塩…ひとつまみ
水…カップ2
こしょう…少々

作り方

1 もち米は洗ってたっぷりの水に浸け、2時間ほど冷蔵庫で浸水させる。炊く30分前までにザルに揚げる。ゆでたけのこ、にんじん、ロースハムは角切りにする。

2 予熱をしていない鍋にバター(大さじ1)を入れ、塩を振り、ゆでたけのこ、コーン、にんじん、ロースハム、グリーンピースの順に重ね、フタをして弱火にかけ、5分ほど山本式にする。

3 もち米を加え、弱火のまま軽く炒める。

4 分量の水を加え、フタをして強火にする。沸騰したら火を弱め、弱火のまま10分ほど炊く。

5 炊き上がったら火を止め、10分ほど蒸らす。バター(大さじ1〜2)を加え、上下を返し、さらに5分ほど蒸らす。

食べるときにすること

解凍 なし　　蒸し器 冷凍のまま150gで15〜20分

電子レンジ 冷凍のまま150gで3〜3分30秒　　賞味期限 冷凍で約2週間

深みのあるコクに
ついお代わり。
食べすぎ注意！

かやくご飯

材料（4〜5人分）

米…カップ2　水…480ml

新ごぼう…1/3本　にんじん…1/3本(40g)

干ししいたけ…2枚

ごま油…大さじ1

塩…ひとつまみ

鶏もも肉…1/4枚

A｜酒…小さじ1　塩…少々

醤油…大さじ2

ハチミツまたはきび糖またはメープルシロップ

　…大さじ1

作り方

1　米は洗ってザルに揚げる。干ししいたけ
は水で戻し、薄く切る。新ごぼうはささが

きに、にんじんは長さ1cmのせん切りに
する。鶏もも肉は角切りにして、Aで下味
をつける。

2　予熱をしていない鍋にごま油をひき、塩
を振り、新ごぼう、戻したしいたけ、にん
じんの順に重ね、フタをして弱火にか
け、8分ほど山本式にする。野菜に火が
通ったら、鶏もも肉を加え、さらに3分ほ
ど山本式を続ける。

3　醤油、ハチミツ、米、分量の水を加え、フ
タをして強火にする。沸騰したら火を弱
め、弱火のまま10分ほど炊く。

4　炊き上がったら火を止め、10分ほど蒸
らし、上下を返し、さらに5分ほど蒸らす。

食べるときにすること

（❄ 解凍）なし　（🍱 蒸し器）冷凍のまま150gで15〜20分

（📟 電子レンジ）冷凍のまま150gで3〜3分30秒　（🕐 賞味期限）冷凍で約2週間

デトックス効果
たっぷりの
ごぼうの香りが
食欲をそそる

食べるときにすること

(❀ 解凍) なし (🍱 蒸し器) 冷凍のまま150gで15〜20分

きんぴらごぼうのちらし寿司

材料（3〜4人分）

新ごぼう…1本

オリーブ油…大さじ1　塩…少々

A
| 米酢…大さじ3
| ハチミツまたは砂糖…大さじ2
| 塩…小さじ1/2
| みりん…大さじ1

B
| 一番だしまたは二番だし（p101）…100ml
| 醤油…大さじ1/2　一味唐辛子…少々

米…カップ2　水…480ml

卵…2個

片栗粉…小さじ2　水…大さじ2

塩…ごく少々　炒りごま…適量

にんじん（お好みで。花形に切ってゆでる）…適宜

作り方

1 小鍋にAの寿司酢の材料を入れて弱火にかけ、塩が溶けるまで温める。
米は炊く30分前までに洗ってザルに揚げておく。
ごぼうは長さ4cmのせん切りにする。

2 きんぴらごぼうを作る。予熱をしていない鍋にオリーブ油をひき、塩を振り、新ごぼうを入れてフタをして弱火にかけ、10分ほど山本式にする。Bを加えてフタを外したまま弱火で10〜15分煮る。

3 寿司飯を作る。米と水（480ml）を鍋に入れ、フタをして強火にかける。沸騰したら弱火にし、そのまま10分ほど炊いて火を止める。10分ほど蒸らしたら、寿司酢をかけ回し、フタをしてさらに10分ほど蒸らす。

4 薄焼き玉子を作る。ボウルに水（大さじ2）と片栗粉を入れてよく溶き、卵を加える。
※濃厚卵白の部分に塩を数粒当て、箸で卵をほぐす。
フライパンにオリーブ油をひき、キッチンペーパーでよく拭く。フライパンを弱火にかけ、卵液をお玉1杯入れて、フライパンをぐるっと回し、余った卵液をボウルに戻し、薄焼き玉子を焼く。卵液がなくなるまでこの作業を繰り返す。薄焼き玉子が冷めたら細く切る。

5 3に炒りごま、きんぴらごぼうを加えて混ぜる。　※寿司飯は鍋から移さなくてよい。

6 食べるときに、薄焼き玉子をのせる。お好みでゆでた花形にんじんを飾る。

※濃厚卵白とは、卵黄の周りを囲んでいる弾力のある白身のこと。新鮮な卵ほど濃厚卵白がしっかりしているためなかなか混ざらない。塩を当てることにより、濃厚卵白がやわらかくなり均一に混ざるようになる。

📷 電子レンジ　冷凍のまま150gで3分〜3分30秒　　⏱ 賞味期限　冷凍で約2週間

滋養がついて
元気になる！
大事な人に
気持ちを込めて

ふわふわうな玉丼／カニ玉丼

材料(1人分)

うなぎ蒲焼きまたは白焼き…1/4尾(40〜50g)

玉ねぎ…1/4個

オリーブ油…小さじ1　塩…ひとつまみ

A
醤油…小さじ1〜2
酒…小さじ1
みりん…小さじ1〜2
一番だし(p101)…150ml

水溶き片栗
片栗粉…小さじ1　水…大さじ1

卵…1個　三つ葉…適量

ご飯…丼1杯

●ふわふわカニ玉丼(写真右上)：うな玉丼と同様。
うなぎの代わりにカニ缶…30g(汁を切った状態)

作り方

1　うなぎは幅2cmに切る。玉ねぎはせん切りにする。三つ葉は適宜に切る。

2　予熱をしていない鍋にオリーブ油をひき、塩を振り、玉ねぎを入れ、フタをして弱火にかけ、5分ほど山本式にする。

3　玉ねぎがしんなりしたら、うなぎ、Aを加え、さらに1分ほど煮る。水溶き片栗を入れてとろみをつける。

4　卵を溶き、三つ葉を加え、3にかけ回す。フタをして、火を少し強めて卵を半熟状にする。

5　炊きたてのご飯の上に4をのせる。

●冷凍するときは、4の状態で、具とご飯は別にする。

食べるときにすること

🍱 解凍　丼の具：冷蔵室または流水　ご飯：なし　　🔥 弱火　丼の具：十分な解凍後1人分で2分〜2分30秒

📺 電子レンジ　ご飯：冷凍のまま200gで4〜5分　※3〜3分30秒レンジで加熱したご飯に、十分に解凍した具をのせ、さらに1〜1分30秒レンジで加熱して温めてもよい　　🕐 賞味期限　冷凍で約2週間

料理のベースこそ手作りで！ だし＆スープストック

手間だと
思われがちなだし。
思ったより簡単で
美味しさ数倍に

一番だし

（山本式 基本）

材料（約600ml）

だし昆布…6g　かつお節…10g
水…660ml

作り方

1 鍋に分量の水を入れ、だし昆布を30分ほど浸ける。

2 1を中火にかけ、鍋肌に泡ができてきたら、昆布を取り出す。

3 かつお節を加えて火を止める。かつお節が自然に沈むまでそのままにし、沈んだらキッチンペーパーなどでこす。

●二番だし（約300ml）
鍋に、一番だしのだしがらと水（330ml）を入れ、中火にかける。沸騰したら3〜4分弱火で煮出し、キッチンペーパーなどでこす。

冷凍して送れる具

おろし大根

山芋すりおろし

白玉団子

薄焼き玉子

焼きなす

麩

戻したわかめ、アオサ海苔、とろろ昆布などもおすましに最適。

（ 一番だしを使って ）
（応用）

おすまし

材料（1人分）

一番だし…150ml
お好みの具…適量　塩…少々

作り方

1 鍋に一番だしを入れ沸騰直前まで温め、好みの具を入れ、塩で味を調える。

使用するとき

（❋ 解凍）冷蔵室または流水　（🕐 賞味期限）冷凍で約2週間

山本式　基本

いりこだし

応用　（ いりこだしを使って ）

味噌汁

材料（約1L）

いりこ…25g
酒…小さじ2
塩…小さじ1/5
水…1.1L

作り方

1　鍋に材料を全部入れ、時間を置かずにすぐに中火にかける。このときフタはしないこと。

2　沸騰し始めたら、ごくごく弱火、いりこが泳がない程度の火加減でコトコト煮出す。30分ほど煮出せば、美味しい、美しい金色のだし汁のできあがり。

● 金色はビタミンB群の色です。ぼこぼこと沸騰させてしまうと、魚臭い白く濁っただし汁となり、いりこのにおいが強くなってしまいます。どうか美しい金色を目指してください。

材料（1人分）

いりこだし…180ml
お好みの具…適量
味噌…小さじ2

作り方

1　鍋にいりこだしを入れて沸騰直前まで温め、お好みの具を入れて火を止める。

2　味噌を味噌こし器に入れて、すりこ木（味噌こしの棒）でよく当たり、味噌の粒がなくなるまでよくこす。

※味噌のメーカー、具の種類やだし汁の出来にも左右されるので、味噌は少なめに入れてよくこして、味を見て足すこと。

冷凍して送ることができる具

山芋すりおろし、焼きなす、戻したわかめ、白玉団子、薄焼き玉子、山本式の野菜など。

山本式のキャベツ

小松菜

きのこ

栄養満点のいりこを丸ごと使う、すっきりとした美味しいだしをとるテクニック

使用するとき

❀ 解凍 ）冷蔵室または流水　　⏱ 賞味期限 ）冷凍で約2週間

スープストック

具の活用例

材料（約1L）

牛挽き肉…100〜150g

玉ねぎ…1/2個

にんじん…1/3〜1/2本

セロリ…1/4本

オリーブ油…大さじ1

塩…小さじ1/2

水…1.1L

ローリエ…1枚

塩・こしょう…少々

作り方

1 玉ねぎ、にんじん、セロリはみじん切りにする。

2 予熱をしていない鍋にオリーブ油をひき、塩を振り、玉ねぎ、にんじん、セロリの順に重ね、フタをして弱火にかけ、10分ほど山本式にする。野菜の上に牛挽き肉を重ね、さらに3分ほど山本式を続ける。

3 牛挽き肉に火が通ったら、水、ローリエを加え、フタはしないで火を強める。アクを取り、弱火にして15分ほど煮る。

4 キッチンペーパーでこす。塩・こしょうでスープの味を調える。

なすとアボカドの辛味噌炒め

なすを拍子木切りにして山本式にする。アボカドを重ねてさらに山本式にする。醤油、味噌、豆板醤を加えてスープストックの具を混ぜ、水溶き葛を加えてとろみをつける。

オムライス

炊き上がったご飯にバター少量、ケチャップ、スープストックの具を混ぜる。塩・こしょうで味を調え、オムレツで包む。

ミートソース

山本式で作ったトマトソースにスープストックの具を加えてできあがり。

体を支える
滋養たっぷりの
スープこそ、
手を抜かずに
手作りで

使用するとき

解凍 冷蔵室または流水 　賞味期限 冷凍で約2週間

鯛の美味しさは
別格！
体にしみじみ
染み込む味

鯛のうしお汁

材料（4人分）

鯛切り身…4切れ（320g）

オリーブ油…大さじ1

塩…ひとつまみ

A｜だし昆布…はがき大1枚
　｜水…カップ3
　｜塩…小さじ1/2

針しょうが、カボス果汁、小ねぎ（小口切り）
　（お好みで）…適宜

作り方

1 鍋にAを入れておく。

2 予熱をしていない別の鍋にオリーブ油をひき、塩を振り、鯛は皮目を上にして並べ、フタをして弱火にかけ、3分ほど山本式にする

3 1を沸騰直前まで温め、2に加え、火を弱めて鯛に火が通るまで煮る。

4 食べるときに、針しょうがなどお好みの吸い口（薬味）を添える。

食べるときにすること

❀ 解凍　冷蔵室または流水　　🔥 弱火　十分な解凍後200gで4〜5分

📺 電子レンジ　不向き　　🕐 賞味期限　冷凍で約2週間

上品に見えて、
食べごたえのある
うれしい椀物

エビの湯葉包みの椀物

材料(4人分)

玉ねぎ…1/2個

オリーブ油…大さじ1/2　塩…少々

エビ…10尾(正味150g)

A | 小麦粉…大さじ1　酒…小さじ1
　 | しょうが汁…小さじ1/2
　 | 塩・こしょう…少々

湯葉…4枚　三つ葉…4本

一番だし(p101)…カップ3

塩…小さじ1/2強

作り方

1　玉ねぎはみじん切りする。予熱をしていない鍋にオリーブ油をひき、塩を振り、フタをして弱火にかけ、8〜10分山本式にする。

2　エビは背ワタと殻を取り、塩水で軽く洗って水気を取り、包丁で細かくたたく。

3　ボウルに、1、2、Aを入れてよく混ぜる。4等分にして、俵形にする。

4　鍋に一番だし、塩を入れ火にかけ、沸騰したら、2を入れて火を通す。三つ葉を加え、軽く火を通し、エビ団子と三つ葉を取り出す。

5　エビ団子をやや冷ましてから、湯葉で包み、三つ葉で結ぶ。

6　食べるときに、椀に5を入れ、4の汁を張る。

食べるときにすること

🌸 解凍 冷蔵室または流水　　🔥 弱火 十分な解凍後200gで4〜5分

📺 電子レンジ 不向き　　🕐 賞味期限 冷凍で約2週間

食べるときにすること

(❀ 解凍) 冷蔵室または流水　　(🔥 弱火) 十分な解凍後200gで4〜5分

わが家の冬の定番。
たっぷり食べて
おなかも心もほっかほか

だご汁

材料(3〜4人分)

大根…1/4本

新ごぼう…1/3本

さつま芋…1本

にんじん…1/3本

オリーブ油…大さじ2

塩…ひとつまみ

A
強力粉…100g
薄力粉…50g
塩…小さじ1/4
ぬるま湯…150ml前後

豚肉薄切り…100g

酒…小さじ1　塩…少々

いりこだし(p102)または水
　…800ml

味噌…大さじ4〜5

小ねぎ(小口切り)…適量

●さつま汁:だご汁と同じレシピで、だごを入れずに作ればさつま汁に!

●甘酒味噌汁:さつま汁に甘酒を加えて仕上げます。甘酒(大さじ3)で味が濃くなるので、味噌を控えめ(大さじ3〜4)に使うのがコツ。

作り方

1 Aをこねて30分ほど冷蔵室で生地を休ませる。

2 大根は幅5mmのいちょう切り、にんじんは花形に切る。新ごぼうは皮付きのまま、ささがきにする。さつま芋はよく洗って皮付きのまま幅1cmの輪切りにする。豚肉薄切りは酒、塩で下味をつける。

3 予熱をしていない鍋にオリーブ油をひき、塩を振り、大根、新ごぼう、さつま芋、にんじんの順に重ね、フタをして弱火にかけ、10分ほど山本式にする。豚肉薄切りを重ね、さらに3分ほど山本式を続ける。

4 いりこだしまたは水を加えて、フタを外したままやや火を強める。煮立ったら火を弱め、野菜に箸が通るようになるまで煮る。

5 1の生地をのばしながら、3〜4cm大にちぎって加える。だごが浮いてきたら、味噌を加えて味を調える。

6 食べるときに小ねぎをあしらう。

●冷凍するときは、だごを味噌汁の中から引き上げて別にする。

📱 電子レンジ 不可　🕐 賞味期限 冷凍で約2週間

スープにご飯を入れ
玉子とじにして
おじやにするのもおすすめ

高菜と春雨のピリ辛スープ

材料(4人分)

牛肉…150g　高菜漬…適量
カットわかめ…2g(または塩蔵わかめ10g)
オリーブ油…大さじ1　塩…ひとつまみ
春雨…15〜20g
小ねぎ(小口切り)…3〜4本

A
| 醤油…大さじ1
| 小ねぎ(小口切り)…大さじ1
| 炒りごま…大さじ1
| ごま油…大さじ1
| ハチミツ…小さじ1
| おろしにんにく…大さじ1/2
| いりこだし(p102)…カップ3

B
| 醤油…大さじ1　みりん…大さじ1
| 豆板醤(お好みで)…適宜

作り方

1　Aを混ぜて焼肉のたれを作る。※

2　牛肉は食べやすい大きさに切って、焼肉のたれ(大さじ2)に浸ける。カットわかめ、春雨は水で戻す。

3　予熱をしていない鍋にオリーブ油をひき、塩を振り、わかめ、高菜漬、牛肉の順に重ね、フタをして弱火にかけ、3〜5分山本式にする。

4　B、春雨を加え、フタを外したままやや火を強める。煮立ったら火を弱め、春雨に火を通す。

5　食べるときに小ねぎをあしらう。

※余った焼肉のたれは、冷凍して、焼肉のたれとして、または冷奴やほうれん草のおひたしなどに少し薄めて使うなど活用できる。

食べるときにすること

❋ 解凍　冷蔵室または流水　　🔥 弱火　十分な解凍後150gで2〜3分

📺 電子レンジ　半解凍150gで約3分　　🕐 賞味期限　冷凍で約2週間

野菜がたっぷりの
ミネストローネに
ビタミンB群が
豊富な麦も加えて

麦入りミネストローネ

材料(4〜5人分)

ベーコン…100g

玉ねぎ…1個

セロリ…1/4本(20〜40g)

にんじん…1/3本

オリーブ油…大さじ2　塩…小さじ1/3

押し麦…カップ1/4

A｜ローリエ…1枚
　｜スープストック(P103)または液体タイプの
　｜濃縮鶏ガラスープ…カップ4

塩・こしょう…少々

作り方

1　玉ねぎ、セロリ、にんじんは1〜2cmの角切りにする。ベーコンは幅1cmに切る。押し麦はさっと洗ってザルに揚げる。

2　予熱をしていない鍋にオリーブ油をひき、塩を振り、玉ねぎ、セロリ、にんじんの順に重ね、フタをして弱火にかけ、10〜15分山本式にする。

3　A、ベーコン、押し麦を加えて15分ほど煮る。

4　塩・こしょうで味を調える。

食べるときにすること

❄ 解凍	冷蔵室または流水	🔥 弱火　十分な解凍後150gで2〜3分
📺 電子レンジ	半解凍150gで約3分	🕐 賞味期限　冷凍で約2週間

魚介たっぷり、
元気が満ちてくる
スープ

ブイヤベース

材料(4人分)

白身の魚切り身
　…4切れ(480g)

エビ…4〜8尾

あさり(砂抜き済み)…カップ1

塩・こしょう…適量

玉ねぎ…1個

セロリ…1/4本(20〜40g)

にんじん…1/2本

オリーブ油…大さじ2

塩…ひとつまみ

A ｜ 白ワイン…カップ1/2
｜ 水…カップ3
｜ 唐辛子…1本
｜ サフラン…10〜16本

イカのふっくらソテー(p61、あれば)
　…1ぱい

作り方

1　玉ねぎ、セロリ、にんじんは1cmの角切りにする。魚切り身、エビ(殻と背ワタを取る)は、海水くらいの塩水で洗って水気を取り、塩・こしょうで下味をつける。

2　予熱をしていない鍋にオリーブ油をひき、塩を振り、玉ねぎ、セロリ、にんじんの順に重ね、フタをして弱火にかけ、8分ほど山本式にする。

3　野菜の上に魚とエビをのせ、さらに3分ほど山本式を続ける。魚とエビに火が通ったら取り出す(野菜はそのまま)。

4　3の野菜の上にあさりをのせ、さらに3分ほど山本式を続ける。あさりの殻が開いたら、あさりを取り出す。

5　Aを加えて5分ほど煮る。

6　魚、エビ、あさり、あればイカのふっくらソテーを加えてひと煮して、塩・こしょうで味を調える。

　●冷凍するときは、あさりの殻を外す。

電子レンジ）半解凍200gで3〜4分　　賞味期限）冷凍で約2週間

とろりとした優しい
味わいが、疲れを
癒やしてくれる

コーンポタージュ

材料(4〜5人分)

コーン缶…250g（水気を切った状態）

玉ねぎ…1個

オリーブ油…大さじ1　　塩…少々

小麦粉…大さじ2

バター…大さじ2

牛乳…カップ2

塩・こしょう…少々

スープストック(P103)または液体タイプの濃縮
　　鶏ガラスープ…カップ1

パセリ(みじん切り)…適量

作り方

1　玉ねぎは粗みじん切りにする。

2　予熱をしていない鍋にオリーブ油をひき、
　　塩を振り、玉ねぎを入れ、フタをして弱
　　火にかけ、10分ほど山本式にする。

3　バターを加えて溶かし、小麦粉を振り
　　入れて炒める。牛乳を少しずつ加えて
　　混ぜる。コーン、スープストックを加え、や
　　や煮る。塩・こしょうで味を調える。

4　食べるときにパセリをあしらう。

食べるときにすること

❀ 解凍　冷蔵室または流水　　♨ 弱火　十分な解凍後200gで3〜4分

▣ 電子レンジ　不可　　⏱ 賞味期限　冷凍で約2週間

04

山本式だけじゃない、山本料理教室の秘伝レシピ

昭和41（1966）年に
母・山本千代子が始めた
料理教室には、
山本式弱火調理法以外にも
長年にわたり育まれてきた
生徒さんたちに
人気のレシピがたくさんあります。
特にデザートは家庭ならではの味。
ここで秘伝のレシピを
特別公開します！

日頃から
滋養強壮のために、
病中病後の方への
お見舞いに

ごま豆腐

材料(作りやすい分量:70ml容器で6個分)

A
葛粉…50g
塩…小さじ1/2
水…450ml
ハチミツ…大さじ1/2

練りごま…50g

作り方

1 鍋にAを入れてよく溶く。中火よりもや
や強火にかけて、たえず木しゃもじで練

る。とろみがつき、透明な状態になった
ら、中火よりやや弱くして、8〜10分、練
り上げ、火を止める。

2 練りごまを加えて、よく混ぜる。

3 型に2を流し入れ、常温(18〜22℃)で2
時間ほど置いて固める。

● プラカップなどに小分けして流した場合には、表面
が乾燥しないようにラップをして冷凍する。

● 大きな型に流した場合は、固めたあとに6等分に切
り分け、ラップで包んで冷凍する。

食べるときにすること

(❄ 解凍)冷蔵室または流水　(🍲 蒸し器)十分な解凍後70gで約10分

(📺 電子レンジ)半解凍70gで2分〜2分30秒　(🕐 賞味期限)約2週間

常識外れの
戻し方で、
びっくりするほど、
やわらかに

とろける高野の煮物

材料(2〜3人分)

高野豆腐…2枚
湯(90℃)…適量

A
| 醤油…大さじ1
| みりん…大さじ1
| 酒…大さじ1
| 一番だし(p101)…200〜300ml

作り方

1 高野豆腐はお湯(90℃)に浸けて戻す。
　しっかりお湯を吸って戻ったら、やけど
　をしないようにお湯を捨て、高野豆腐
　が壊れないように水を入れて浸け水の
　※温度を下げる。しばらくそのまま置いて
　粗熱を取り、好みの大きさに切る。

2 鍋に少し絞った1、Aを入れ、弱火で10
　分ほど煮含める。

※温度を下げないと冷めるまでにかなり時間がかか
るため。

食べるときにすること

🎏 解凍 冷蔵室または流水　　🔥 弱火 十分な解凍後100gで約2分

🔲 電子レンジ 半解凍100gで2分　　⏰ 賞味期限 約2週間

酢飯にのせて
ちらし寿司に
するのもおすすめ

あじの酢の物

材料（2〜3人分）

あじ…1尾（200g前後）

白バルサミコ酢または米酢…大さじ4〜5

甘酢きゅうり（p68）…100g

カットわかめ…1g（まはた塩蔵わかめ6g）

塩…適量

A
白バルサミコ酢または米酢…大さじ2
醤油…小さじ2
ハチミツまたはメープルシロップ
　　…大さじ1〜2

ピンクペッパー（お好みで）…適宜

作り方

1 あじは三枚におろして小骨を骨抜きで
　取り、塩（あじの重量の20%量）を振り、冷蔵

庫で30分ほど塩締めする。

2 あじを氷水で洗って水気を拭き取る。あ
　じを白バルサミコ酢に30分ほど浸して、
　酢締めする。

3 カットわかめは水で戻す。

4 酢締めしたあじの皮をむき、食べやすく
　切る。

5 Aを混ぜて、合わせ酢を作り、3、4、甘
　酢きゅうりとあえる。

6 食べるときにお好みで、ピンクペッパーを
　ちらす。

●冷凍するときは、あじは4の状態できっちりラップで
包む。甘酢きゅうり、わかめ、合わせ酢は、別にする。送
られた人が具材を盛り付け、合わせ酢をかける。

食べるときにすること

（❋ 解凍）冷蔵室または流水　（🔥 温め）なし

（🕐 賞味期限）冷凍で約2週間

ツナ缶なのに、
人生最高の出来栄え！
離乳食、
介護食に安心です

ツナでんぶ

材料（作りやすい分量）	作り方
ツナ缶…小1缶（正味90g）	1 油を切ったツナを鍋に入れてほぐす。分量の水を加えて中火にかけ、箸でたえず混ぜながら、水気を飛ばす。
水…カップ1/2	
A きび糖…大さじ1	2 Aを加え、ふんわりした仕上がりになるまで火を通す。
A 醤油…小さじ1/4	
A みりん…小さじ1/2	

食べるときにすること

（解凍）冷蔵室または流水　（温め）なしでもOK　（弱火）フタをしないで混ぜながら90gで2～3分　（電子レンジ）十分な解凍後90gで約30秒　（賞味期限）冷凍で約2週間、冷蔵で約1週間

食欲がとことん落ちたときに
試してほしい一品。
お湯に溶かして飲んでも

梅かつお

材料（作りやすい分量）

梅干し…大2個（正味30g）
かつお節…15g
醤油…小さじ1/2〜2/3
ハチミツまたはメープルシロップ
　…小さじ1/5〜1/4

作り方

1　梅干しは種を取って、箸でほぐす。
2　ほぐした梅干しをさらに丹念にほぐし、
　かつお節を混ぜる。
3　醤油、ハチミツを練り込み、味を調える。

食べるときにすること

🌸 解凍　冷蔵室または流水　　🔥 温め　なし

🕐 賞味期限　冷凍で約1か月、冷蔵で約2週間

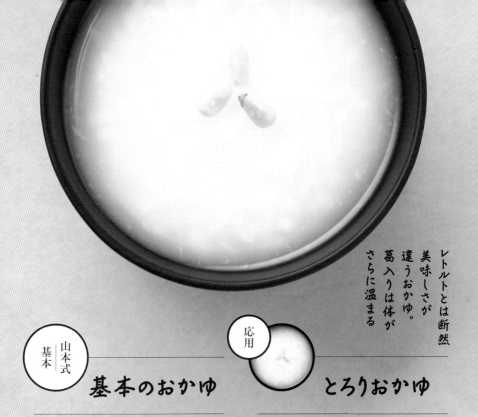

レトルトとは断然
美味しさが
違うおかゆ。
葛入りは体が
さらに温まる

山本式
基本

基本のおかゆ

応用

とろりおかゆ

材料（5人分）

米…カップ1/2
水…1〜1.2L
塩…ひとつまみ

作り方

1 米は洗って分量の水に30分ほど浸ける。

2 鍋に米、水、塩を入れて強火にかけ、沸騰したらさっとひと混ぜする。

3 火を弱めて、フタをする。30分ほど炊く。

材料（1人分）

基本のおかゆ…200g
水溶き葛
　葛粉…小さじ1/2
　水…大さじ1

作り方

1 基本のおかゆに水溶き葛を加え、中火にかけて、とろみをつける。

食べるときにすること

❄ **解凍** 冷蔵室または流水　　🔲 **電子レンジ** 半解凍200gで4〜5分

🔥 **弱火** 十分な解凍後200gで2〜3分 ※「とろりおかゆ」は大さじ2の水を加えて温める

🕐 **賞味期限** 冷凍で約2週間

119

圧力鍋や土鍋が
なくても大丈夫!
鍋で玄米を
美味しく炊けるワザ

玄米ご飯

材料(茶碗6杯分)

玄米…カップ2
水…カップ3
沸騰した湯…カップ1

作り方

1 玄米は水でさっと洗って、2〜3分ザル
に揚げる。分量の水に浸けて、冷蔵室
で6時間以上吸水させる。

2 鍋に1を移し、フタをして強火にかける。
沸騰したら火を弱めて10分炊き、一度
火を消す。

※このとき、鍋にはまだ水分が残っていてもよい。
そのまま10分間放置する。

※放置する間に残った水分を玄米が吸収する。

3 沸騰したての分量の湯を加え、フタをし
て弱火にかけ、20〜25分炊いて火を止
め、20分蒸らす。天地返しをする。

食べるときにすること

❀ 解凍 なし ☗ 蒸し器 冷凍のまま150gで15〜20分

▦ 電子レンジ 冷凍のまま150gで約3分 ⏱ 賞味期限 冷凍で約2週間

作ってみると
意外と簡単!
手作りだと体に
よくて格別に
美味しいおはぎに

おはぎ

材料(10個分)

もち米…カップ1

あずき水煮缶…1/3缶

水…カップ1

砂糖…大さじ2

あん…200g

シナモン…小さじ1/4

すりごま、きな粉など…適量

作り方

1 もち米は炊く6時間ほど前に洗って、たっぷりの水(分量外)に浸ける。

炊く30分前にザルに揚げ水気を切る。

2 鍋に、1、分量の水、あずきを入れ、フタをして強火にかける。沸騰したら弱火にして、10分炊いて火を止める。

3 15分蒸らして砂糖を加え、すりこ木で突いてから、10等分にして丸める。

4 ボウルにあんとシナモンを入れて混ぜ、10等分にする。

5 4で3を包む。すりごま、きな粉などをまぶす。

食べるときにすること

(❀ 解凍) なし　(🍱 蒸し器) 冷凍のまま5〜6分

(📺 電子レンジ) 冷凍のまま約1分　(🕐 賞味期限) 冷凍で約2週間

余ったパンやパンの耳で
気軽に作れるおやつ。
冷凍すると
いっそう美味しさアップ

パンプディング

材料（150ml容器2個分）

卵…2個　塩…ほんの数粒
砂糖…50g　牛乳…カップ1
食パン（6枚切り）…1枚
レーズン…大さじ1
グラニュー糖…小さじ4
沸騰した湯…大さじ1

作り方

1　鍋にグラニュー糖を入れて中火にかけ、やや色づくまでゆっくり揺らす。沸騰した

ての分量の湯を加え、木べらで混ぜ、カラメルソースを作り、熱いうちに型に流し入れる。

2　ボウルに卵を入れ、濃厚卵白の部分に塩を数粒当て、箸で卵をほぐす。

3　鍋に砂糖、牛乳を入れて中火にかけ、砂糖が溶けたら、2に少しずつ加えて混ぜる。角切りにした食パン、レーズンを加えて混ぜる。

4　3を型に入れて20分ほど蒸す。

食べるときにすること

❀ 解凍　冷蔵室　　🫕 蒸し器　十分な解凍後3〜6分、お好みの温度に

📻 電子レンジ　不可　　🕐 賞味期限　冷凍で約2週間　　●温めても冷たいままでもOK！

果物の甘煮は
心をほぐしてくれる。
なし、もも、
いちじくでもOK

りんごの甘煮

材料（作りやすい分量）

りんご…1個
オリーブ油…小さじ2
塩…少々
砂糖…大さじ1〜2
レーズン（お好みで）…適宜

作り方

1 りんごは皮をむき、芯を取って、12等分
にくし切りする。

2 予熱をしていない鍋にオリーブ油をひき、
塩を振り、りんごを並べ、フタをして弱火
にかけ、5〜8分山本式にする。

※基本的に、水は加えなくてもりんごから出る水分
で火が通るが、鍋の材質や火加減、材料の質によ
り水分が出ないこともあり、その場合は水を大さじ
2ほど加えて火を通す。

3 りんごに火が通ったら、砂糖を加え、フタ
をして弱火で5〜8分煮る。お好みでレー
ズンを加える。

食べるときにすること

🌸 **解凍** 冷蔵室または流水、または冷凍のままでも 🔥 **弱火** 半解凍で1〜4分、お好み

の温度に 📺 **電子レンジ** 半解凍で1〜2分 🕐 **賞味期限** 冷凍で約2週間

● 温めても冷たいままでもOK！

カロテンたっぷりの
かぼちゃを使って
砂糖も控えめな
ヘルシーおやつ

かぼちゃのマフィン

材料（マフィンカップ6個分）

かぼちゃ…1/8個（裏ごし状態で100g）

無塩バター…100g

きび糖またはグラニュー糖…80g

卵…2個

薄力粉…100g

ベーキングパウダー…小さじ1

レーズン…大さじ2

くるみ（ロースト）…大さじ2

作り方

1 かぼちゃは大きめに切り、ワタを取り、皮をむき、菜箸が通るまでゆでる、または蒸す。熱いうちに裏ごしする。

2 ボウルに無塩バターを入れて、クリーム状にやわらかくする。
きび糖を3〜4回に分けて混ぜる。

3 卵、レーズン、くるみを加えて混ぜ、薄力粉、ベーキングパウダーを加えて混ぜる。

4 マフィンカップに3を分けて入れる。電気オーブンレンジで200℃で30分焼く。

※ガスオーブンなら180℃で20分焼く。

食べるときにすること

❀ 解凍 冷蔵室　🍲 蒸し器 十分な解凍後1〜2分

📟 電子レンジ 半解凍1個で約1分　🕐 賞味期限 冷凍で約2週間

りんごの甘煮や
パンプディングとの
相性抜群。
アイスとして
凍ったまま召し上がれ

ヨーグルトクリーム

材料（4〜5人分）

ヨーグルト…500g
生クリーム…200ml
ハチミツまたは砂糖…大さじ4〜6
トッピング（お好みで）
　EXVココナツオイル…大さじ1
　きび糖またはメープルシュガー…小さじ1

作り方

1　ザルにキッチンペーパーをしき、ヨーグルトをのせて冷蔵室に入れ、6〜8時間かけて水気を切る。
2　ボウルに生クリームを入れ、ホイップする。
3　1、ハチミツを加え、混ぜ合わせる。

　●送るときは、容器に入れ、冷凍室で冷やし固め、アイスの状態で食べてもらう。解凍しすぎるとヨーグルトの水分が出てきて分離するので、アイスクリームのような状態でいただくのが美味。

食べるときにすること

❀ 解凍 なし　　🕐 賞味期限 冷凍で約2週間

あとがき

最後まで読んでくださり、ありがとうございます。

作ってみたい、送りたい、というレシピと出合ってくださっていたら、幸甚です。ぜひ、その気持ちが熱いうちに作って、楽しんでください。毎日料理を作って食べる、というのは本当に時間がかかります。忙しい毎日を送っている人にとっては、できることならなるべく時間をかけたくない、というのが正直なところです。また、年齢を重ねて体が思うように動かなくなると、今までラクにできていた料理もおっくうになりがちです。こうしたとき、何か買ってきたり、何か簡単に食べることで解決できそうなものですが、困ったことに、人間はその状態を長く続けるのをよしとはしない動物のようです。野生動物はそれぞれ、体や生活環境に合った特定の食べ物ばかりを食べて生きられるのに、どうして人間はそういうわけにいかないのでしょうか。それは、たぶん、動物の中でも唯一ヒトだけが文化を持ち、文明を発達させるという高度な精神活動をしてきたからです。ものを作り出す、社会を構成する、という高度な精神活動を続ける中で、ヒトの細胞のひとつひとつが、色も、味も栄養と同じように、体の健康だけでなく、心の健康、すなわち感情にも非常に影響することを知っているからです。色と味は栄養と同じように働きかけること、健康の基本であることを知っているからこそ、薬膳があります。そして、まったく別もののように言われますが、そのエッセンスが現代栄養学へと続いているのです。

自然の色で美しく、作りすぎない味で、無理しない範囲の中で自分の知恵を最大限に生かして美味しく仕上がる料理

こそ、健やかな日常を支える料理です。手をかけるべきところに手をかけて、滋養を損なわないように調理する、材料を粗末に扱わない、それを心がけることで、料理はきっともっと、美味しく、体に働きかけると信じています。

　とりあえず手元にあるもので作っただけで、豪華でないものでも、つたないものであっても、料理は本当に強くて、優しい力を生み出します。

　仕事柄、冷蔵室や冷凍室に作り置きのおかずがある、生の材料がある、という状況なのでできることかもしれませんが、訪ねてきてくださった方の様子を見て、お帰りになるまでに、簡単なお食事を作って差し上げたり、状況が許せばお持たせをしたり、というのは私の生活ではよくあることです。わが家ではずっと昔から、私が生まれる前に亡くなってしまった母方の祖母の時代から、そうだったようです。そういうわが家の在り方を、若いころの私は、忙しいのに困るなあ、今日は疲れてるから面倒だな、と思ったこともももちろんあります。しかし、料理の仕事に携わって、もう30年近く経つ間に、料理は奇跡を起こすことがあることを何度も経験しました。

　そして、料理を作って誰かに召し上がっていただくこと、「おくる」ということは、その方を支えるとともに、実は自分も支えられるのだということを実感しています。だからこそ、今、この本が世に出るのだと、感謝の気持ちでいっぱいです。あなたの作ったひと皿が、あなたと大事な方の心をつなぎ、健やかな明日を作り出す力となりますように。

山本　智香

山本智香

やまもと・ちか／料理研究家。
1968年、福岡県久留米市生ま
れ。小学生のころから母・山本
千代子の料理教室で助手を務
め、西南学院大学卒業後は家
業である料理教室の運営に従
事する傍ら、日本女子大学通信
教育課程・家政学部食物学科
に進学し、最新の現代栄養学、
調理科学の知識を学ぶ。現在
は、食品メーカーのレシピ開発
やレストラン事業のコンサルティ
ング、シニア向け料理教室開催
なども手がけ、食の質の低下問
題改善に積極的に取り組んで
いる。著書に『ラクなのに美味し
い　驚異の弱火調理法』（三空
出版）、『山本式弱火調理法レシ
ピ』（講談社）がある。

おくるごはん

弱火調理で簡単作り置き
送って喜ばれる健康美味しいレシピ
2020年2月27日発行
2020年4月7日第二刷発行

著者	山本智香
発行者	川口秀樹
発行所	株式会社三空出版（みくしゅっぱん）

〒102-0093
東京都千代田区平河町2-12-2-6F-B
TEL：03-5211-4466
FAX：03-5211-8483
https://mikupub.com
印刷・製本／シナノ書籍印刷株式会社

©Chika Yamamoto 2020
Printed in Japan
ISBN 978-4-944063-703

撮影	大崎利三郎
デザイン	小竹美雪（Cota Graphic Design）
イラスト	米津祐介
料理アシスタント	津留﨑みゆき・中村千鶴
校正	竹田賢一（DarkDesign Institute）
DTP	アイ・ハブ
編集	入江弘子